WESTEND

Kai Ambos

Doppelmoral

Der Westen und die Ukraine

WESTEND

Mehr über unsere Autoren und Bücher:
www.westendverlag.de

Die Deutsche Nationalbibliothek verzeichnet diese Publikation in der Deutschen Nationalbibliografie; detaillierte bibliografische Daten sind im Internet über http://dnb.d-nb.de abrufbar.

MIX
Papier | Fördert gute Waldnutzung
FSC® C083411

ISBN: 978-3-86489-404-6

Umschlaggestaltung: Buchgut, Berlin
Satz: Publikations Atelier, Dreieich
Druck und Bindung: CPI – Clausen & Bosse, Leck
Printed in Germany

Für Vânia

Ganze Wahrheit statt Doppelmoral

Inhalt

Vorwort

Dieser Essay geht auf meine Beschäftigung mit dem von der Russischen Föderation begonnenen Angriffskrieg gegen die Ukraine zurück – eine Aggression, die bekanntlich schon lange vor der sogenannten »militärischen Sonderoperation« des 24. Februar 2022 begonnen und mit der völkerrechtswidrigen Annexion der Oblaste Luhansk, Donezk, Saporischschja und Cherson am 30. September 2022 ihren – nur vorläufigen – Abschluss gefunden hat.. Ich habe mich an verschiedenen Stellen zu völker(straf)rechtlichen Aspekten der Ukraine-Situation geäußert, zuletzt auch zunehmend kritisch, weil ich mehr und mehr eine Diskrepanz zwischen dem hierzulande und in anderen westlichen Staaten propagierten Anspruch der Verteidigung einer regelbasierten Völkerrechtsordnung *qua* militärischer Unterstützung der Ukraine und der (sonstigen) westlichen Völkerrechtspraxis zu erkennen glaube. Zudem müssen wir uns die Frage stellen, warum die westliche Ukraine-Politik im weltweiten Maßstab keineswegs von der viel beschworenen »internationalen Gemeinschaft« – ein im hiesigen Mainstream unreflektiert und fast postkolonial gebrauchtes Konzept – unterstützt wird, sondern vielmehr vor allem im Globalen Süden auf viel Kritik stößt.

In den Anmerkungen finden sich zahlreiche Hinweise auf öffentlich und frei zugängliche Internetquellen; sie wurden alle zuletzt am 20. September 2022 abgerufen. Etwaige Übersetzungen stammen, sofern nicht anders vermerkt, von mir.

Ich danke zahlreichen Kollegen für wichtige Diskussionen zum Ukraine-Thema, insbesondere Gleb Bogush, Alexander Heinze, Julian Roberts und Alec Walen. Marlene Nebel schulde ich Dank für Unterstützung bei der Recherche. Schließlich danke ich dem Westend Verlag, dass er sich dem Projekt spontan angenommen und daraus zügig ein Buch produziert hat. Dank auch an Marvin Baudisch für ein sehr engagiertes Lektorat.

Ich habe diesen Essay in meiner akademischen Funktion geschrieben; er kann insbesondere nicht dem Den Haager Kosovo Sondertribunal *(Kosovo Specialist Chambers)* zugerechnet werden.

Kai Ambos
Göttingen, 30. September 2022

Einführung

Der beispiellose russische Angriffskrieg gegen die Ukraine sollte uns nicht blind machen gegenüber den komplexen rechtsstaatlichen Problemen, denen sich dieses Land gegenübersieht. Zu diesen Problemen zählen etwa strukturelle Defizite der Justiz, insbesondere deren mangelnde Unabhängigkeit, und die immer noch grassierende Korruption.[1] In diesem Sinne habe ich schon an anderer Stelle argumentiert.[2]

In unserem Zusammenhang werden diese Probleme sowohl durch die Strafverfolgung russischer Soldaten wegen Kriegsverbrechen[3] als auch die (unzureichende) Untersuchung angeblicher Kriegsverbrechen der ukrainischen Streitkräfte deutlich. Die reflexhafte und überaus emotionale Ablehnung des jüngsten Berichts von Amnesty International[4] (AI) durch die ukrainische Führung[5] war insoweit wenig hilfreich, als dass sie schon vorhandene Zweifel an der Unparteilichkeit der ukrainischen Ermittlungsbehörden verstärkt. Es wäre klüger gewesen, wenn sich die ukrainische Regierung inhaltlich mit den AI-Vorwürfen im Einzelnen auseinandergesetzt und mit einer detaillierten – durchaus möglichen – Antikritik repliziert hätte.[6]

Um keinerlei Missverständnisse aufkommen zu lassen, sei jedoch klargestellt, dass diese Probleme in keiner Weise das Recht der Ukraine auf Selbstverteidigung gemäß Artikel 51 der UN-Charta[7] in Frage stellen. Auch geht es dabei nicht um einen Vertausch der Rollen und Verantwortlichkeiten in diesem Krieg (im Sinne eines sogenannten »victim-blaming«), nämlich der Rolle Russlands als Aggressor und der Ukraine als Opfer dieser Aggression. Richtig ist aber auch, dass man zwischen der kollektiven Ebene – Täter-/Opferstaat – und der individuellen – Einzeltäter/-opfer – unterscheiden muss. Obwohl beide Opfer – ob kollektiv (Ukraine) oder individuell (Einzelperson) – ein Recht auf Selbstverteidigung haben und ihre Vorgeschichte dieses Recht nicht berührt, hängt die Beendigung der Aggression in beiden Situationen von verschiedenen Faktoren und Umständen ab.

Während nämlich das Opfer eines individuellen Angriffs diesen durch eine oder mehrere Abwehrmaßnahmen abwenden kann, ist die kollektive Verteidigung eine viel komplexere und langwierigere Angelegenheit. Sie kann einen Punkt erreichen, an dem die Kosten (in Form von Verlusten an Menschenleben, Zerstörung von Land und Eigentum usw.) es für den Verteidiger vernünftiger erscheinen lassen, auf sein Verteidigungsrecht zu verzichten und eine Verhandlungslösung zu suchen.[8] Natürlich kann diese Entscheidung nur von dem Verteidiger selbst getroffen werden.[9] Ratschläge dritter Akteure sollten sich deshalb darauf beschränken, ihre eigene Politik kritisch zu hinterfragen. Konkret bedeutet das: Der Westen kann der Ukraine nicht vorschreiben, wann der Moment für einen Verhandlungsfrieden gekommen ist; westliche Gesellschaften dürfen und sollten aber sehr wohl diskutieren, ob, in welcher Form und bis wann die Unterstützung der Ukraine (noch) politisch sinnvoll ist.

Auch in diesem Essay liegt der Schwerpunkt der Betrachtung nicht so sehr auf der Ukraine als vielmehr auf uns, d.h. dem Westen, der, unter der Führung der USA, der EU und der NATO (North Atlantic Treaty Organisation), den Anspruch erhebt, *mittels* seiner – fast bedingungslosen – Unterstützung der Ukraine eine regelbasierte Völkerrechtsordnung zu verteidigen.[10] Gemeint ist damit – jenseits der mitunter ungenauen Begrifflichkeiten (»regelbasierte internationale Ordnung«)[11] – eine Ordnung, die sich an die geltenden Normen des Völkerrechts, also insbesondere internationale Übereinkünfte, internationales Gewohnheitsrecht und allgemeine Rechtsgrundsätze,[12] hält. Eine besondere Bedeutung kommt dabei der schon erwähnten UN-Charta[13] zu, denn sie ist die Rechtsgrundlage der Vereinten Nationen (United Nations) als der wichtigsten und einzigen globalen multilateralen Institution zur Friedenssicherung und Streitbeilegung und enthält die grundlegenden materiellen und verfahrensrechtlichen Normen zur Verwirklichung dieser Zwecke.

Eine grundlegende – vielleicht die grundlegendste – Norm des Völkerrechts stellt das Gewaltverbot gemäß Artikel 2 Abs. 4 der UN-Charta[14] dar. In den Worten des Internationalen Gerichtshofs (IGH) handelt es sich um einen »Eckstein der Satzung der Vereinten Nationen«;[15] für den großen Staats- und Völkerrechtler Hans Kelsen ist das Gewaltverbot schlechthin konstitutiv für die Existenz einer Völkerrechts*ordnung*, denn andernfalls stünden die von dieser Ordnung gewährten Rechte und geschützten Interessen in der freien Disposition eines auf Gewalt rekurrierenden feindlichen Staates.[16] Es unterliegt insofern keinem Zweifel, dass das Gewaltverbot und seine *raison d'être*, nämlich die Unverletzlichkeit der territorialen Integrität souveräner Staaten, durch die russische Invasion vom 24. Februar 2022 flagrant verletzt wurde, gleichsam in radikaler und eskalierender Fortsetzung der Verletzungen seit Frühjahr 2014.[17] Die territoriale Integrität kann eben nur auf dem Verhandlungswege, nicht aber mit Gewalt geändert werden. Die uns hier interessierende Frage ist nun aber, ob ausgerechnet der Westen den Anspruch erheben kann, mittels seiner Ukraine-Politik diese Norm und die regelbasierte Völkerrechtsordnung insgesamt zu verteidigen bzw. wiederherzustellen.

Ich werde hier darlegen – durchaus in Widerspruch zum gesellschaftlichen Mainstream –, dass ein solcher westlicher Anspruch angesichts der Widersprüchlichkeiten des eigenen Umgangs mit dem Völkerrecht nur bedingt eingelöst werden kann. Ich werde dies in drei Schritten begründen: Zunächst werde ich zeigen, dass die westliche Reaktion auf den russischen Angriffskrieg keineswegs globale Unterstützung erfährt, insbesondere nicht im sogenannten »Globalen Süden« (Kapitel I). Sodann werde ich versuchen, den Grund dieser begrenzten globalen Unterstützung – zumindest teilweise – zu erklären, indem ich auf historische und jüngere westliche Widersprüchlichkeiten im Umgang mit dem Völkerrecht eingehe (Kapitel II). Auf dieser Grundlage werde ich dann einige Schlussfolgerungen ziehen, im Kern einen konsequenteren westlichen Umgang mit dem Völkerrecht fordern, gleichzeitig aber auch meine vorherige Analyse mit einigen differenzierenden Vorbehalten versehen (Kapitel III).

Kapitel I
Die begrenzte Unterstützung der westlichen Ukraine-Politik

1. Die Resolution der UN-Generalversammlung vom 1. März 2022

Um die universelle Verurteilung des russischen Angriffskriegs zu belegen, verweisen westliche Politiker regelmäßig auf die Resolution »Uniting for Peace«[18] der UN-Generalversammlung (GV) vom 2. März 2022.[19] Diese Resolution, in der die russische Invasion als »Aggression« bezeichnet, »auf das Schärfste« verurteilt wird und die Einstellung der Feindseligkeiten sowie ein sofortiger, vollständiger und bedingungsloser Abzug der russischen Streitkräfte gefordert werden,[20] fand in der Tat eine überwältigende Mehrheit von 141 (von insgesamt 193 grundsätzlich stimmberechtigen) UN-Mitgliedstaaten,[21] bei nur fünf Gegenstimmen und 35 Enthaltungen.[22] Damit sendete sie ein viel deutlicheres Signal als die GV-Resolution von 2014 zur Verurteilung der Krim-Annexion, die nur von 100 Staaten bei 11 Gegenstimmen und 58 Enthaltungen unterstützt wurde;[23] diesem Abstimmungsergebnis wiederum entsprach die GV-Resolution vom 7. April 2022 zum Ausschluss Russlands aus dem UN-Menschenrechtsrat.[24]

Bei näherer Betrachtung der Abstimmung zur Uniting for Peace-Resolution ergibt sich jedoch, insbesondere im Hinblick auf die regionale Verteilung und die Position einiger wichtiger Staaten, ein aus westlicher Sicht eher ernüchterndes Bild.[25] Während die Ablehnung Russlands und seiner treuen Verbündeten (Weißrussland, Nordkorea, Syrien) zu erwarten war (mit Ausnahme von Eritrea[26] vielleicht), haben sich viele wichtige Staaten der Stimme enthalten (unter anderem Algerien, Bangladesch, China, Indien, Südafrika), wobei der Schwerpunkt auf Afrika (17)[27] und Asien (14)[28] liegt und die restlichen vier Enthaltungen auf Lateinamerika entfallen.[29] Auch die zwölf Staaten, die sich nicht an der Abstimmung beteiligt haben, kommen von diesen Kontinenten[30] und hätten sich wohl auch enthalten, wenn nicht sogar gegen die Resolution gestimmt.[31] Bereits diese regionale Verteilung des Abstimmungsverhaltens zeigt, dass die Resolution nur in Europa eine eindeutige und in Amerika noch eine starke Unterstützung fand, diese aber in Afrika (28 Ja-Stimmen von 54 Staaten) und Asien (29 von 47) weitaus geringer ausfiel. Während die europäische Position von traditionellen westlichen Verbündeten (Australien, Kanada, Neuseeland, USA) sowie auch in Lateinamerika (z. B. Kolumbien, Costa Rica, Chile) und Asien (Japan, Südkorea) unterstützt wurde, distanzierte sich der Globale Süden, vertreten durch Afrika und in geringerem Maße Asien, angeführt von China und Indien, deutlich von der westlichen Position.

Dieses Bild könnte noch durch eine Analyse der individuellen Motivationen der sich enthaltenden Staaten verfeinert werden,[32] doch bedarf es dieser Einzelanalyse für unser Argument – die schon verbale Distanzierung des Globalen Südens von der westlichen Position durch sein Abstimmungsverhalten – nicht. Es soll hier der Hinweis genügen, dass sich die Stimmenthaltungen einerseits nicht einfach mit dem Verweis auf spezifische *aktuelle* Loyalitätsmuster zur

Russischen Föderation erklären lassen – auch wenn dies für diejenigen Staaten zutreffen mag, die ehemalige Republiken der Sowjetunion (z. B. Kasachstan) sind, sich immer noch als »sozialistisch« betrachten (z. B. Kuba, Vietnam) oder/und Regierungen haben, die russische Unterstützung benötigen, um an der Macht zu bleiben (z. B. Nicaragua).[33] Andererseits gibt es ein historisches Erbe, das bis zum Antikolonial-/Anti-Apartheid-Kampf zurückreicht, wo einige dieser Staaten (z. B. Angola, Südafrika) nur von der ehemaligen Sowjetunion und ihren Verbündeten unterstützt wurden[34] – und Moskau spielt diesen Trumpf geschickt aus.[35] Die Enthaltung globaler bzw. regionaler Großmächte wie China,[36] Indien,[37] Brasilien[38] und Südafrika[39] wiederum folgt einer ganz eigenen und länderspezifischen Logik, die sich jedenfalls auch als Antwort auf die westliche bzw. US-amerikanische Hegemonie in der – nun überwundenen – unipolaren Weltordnung verstehen lässt. Wir werden darauf zurückkommen.

Dieses vielschichtige und komplexe Bild ändert freilich nichts daran, dass die GV-Resolution, wie wir schon zu Beginn dieses Abschnitts gesehen haben,[40] rechtlich unmissverständliche und explizite Aussagen enthält, mit denen die russische Aggression ohne Wenn und Aber verurteilt wird. Dieser eindeutige Inhalt der Resolution muss zum Abstimmungsverhalten in Beziehung gesetzt werden.[41] Er gibt den zustimmenden Voten ein noch größeres Gewicht und relativiert die Enthaltungen insoweit, als darin nicht ohne Weiteres eine Ablehnung der *rechtlichen* Aussagen der Resolution gesehen werden kann und erst recht nicht eine *rechtliche* Billigung des russischen Angriffskriegs.[42] Anders gewendet kann gerade die Eindeutigkeit der Resolution mit Blick auf die russische Verletzung des Gewaltverbots und die Forderung einer Beendigung der russischen Aggression für einige der sich enthaltenden Staaten zu »undiplomatisch« gewesen sein, um ihr zuzustimmen. Doch ist dies, aus rein völkerrechtspositiver (normativer) Sicht, nicht Ausdruck eines abnehmenden Respekts gegenüber dem Gewaltverbot oder gar das Ende der »globalen Geltung universeller Werte« (Herfried Münkler).[43] Ganz im Gegenteil, die normative (rechtliche) Bedeutung und Legitimität der GV-Resolution lässt sich vernünftigerweise nicht bestreiten, von ihr geht ein starkes und eindeutiges (normatives) Signal zur kontrafaktischen Bestätigung des Gewaltverbots und einer regelbasierten Völkerrechtsordnung insgesamt aus;[44] davon zu unterscheiden ist allerdings die nun zu behandelnde Frage, ob den (rechtlichen) Worten auch (praktische) Taten folgen.

2. Taten statt Worte: tatsächliche Unterstützung der westlichen Ukraine-Politik?

Noch wichtiger als diese vordergründige Analyse des Abstimmungsverhaltens ist die Frage, ob und inwieweit Staaten über die bloße Zustimmung zur Resolution hinaus auch tatsächlich die westliche Ukraine-Politik mittragen. Bekanntlich kann sich eine Zustimmung zu einer Verurteilung des Verhaltens eines bestimmten Staates leicht als Lippenbekenntnis erweisen, wenn den bloßen Worten nicht auch Taten folgen. Konkret ist damit in unserem Zusammenhang zu fragen, welche Staaten die westliche Ukraine-Politik tatsächlich unterstützen, also insbesondere Sanktionen gegen Russland verhängen, die Ukraine (militärisch) unterstützen und sich an der Ermittlung und Verfolgung möglicher russischer

Kriegsverbrechen beteiligen. Diese Frage muss von vorneherein nur an die 141 Staaten gestellt werden, die für die Resolution gestimmt haben, denn offensichtlich werden diejenigen Staaten, die die Resolution ablehnten oder sich enthielten, erst recht keine tatsächlichen Gegenmaßnahmen, seien sie wirtschaftlicher, militärischer oder (völker) strafrechtlicher Art, gegen Russland ergreifen. Doch auch für die meisten der die Resolution befürwortenden Staaten lässt sich, ohne eine detaillierte Einzelanalyse vornehmen zu müssen, relativ einfach feststellen, dass sie keineswegs die westliche Politik der Isolierung Russlands und der (militärischen) Unterstützung der Ukraine mittragen. Vielmehr pflegen die meisten dieser Staaten weiterhin diplomatische, wirtschaftliche und sonstige Beziehungen zu Russland und beteiligen sich weder an Sanktionen[45], noch leisten sie militärische Unterstützung.

2.1. Sanktionen und militärische Unterstützung

Zum 7. Juli 2022 haben die folgenden 38 Länder Sanktionen gegen Russland verhängt: Australien, Bahamas, Belgien, Bulgarien, Dänemark, Deutschland, Estland, Frankreich, Griechenland, Irland, Island, Italien, Japan, Kanada, Kroatien, Lettland, Litauen, Luxemburg, Malta, Niederlande, Norwegen, Österreich, Polen, Portugal, Rumänien, Schweden, Schweiz, Singapur, Slowakei, Slowenien, Südkorea, Spanien, Taiwan, Tschechien, Ungarn, USA, Vereinigtes Königreich und Zypern.[46]

Nach Daten des Kieler Instituts für Weltwirtschaft (IfW),[47] das im Ausgangspunkt zwischen militärischer, humanitärer und finanzieller Hilfe unterscheidet (Grafik 1), ergibt sich, dass – neben der EU als supranationaler Organisation – nur knapp 30 Staaten militärische Hilfe zugesagt haben, wobei der Großteil dieser Hilfe aus den USA kommt und daneben das Vereinigte Königreich, Polen, Deutschland und Kanada die wichtigsten Geber sind (Grafik 2).[48]

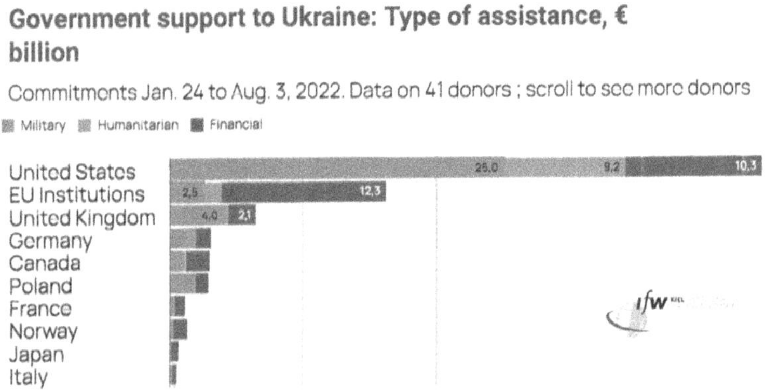

Grafik 1: Militärische, humanitäre und finanzielle Unterstützung in Milliarden €.

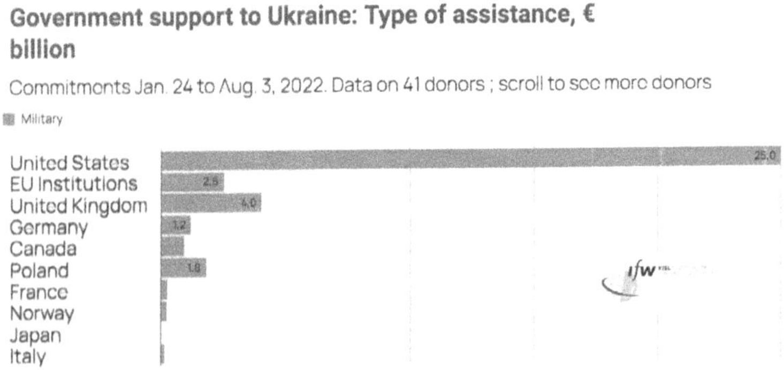

Grafik 2: Militärische Unterstützung in Milliarden €.

Ferner unterscheidet das IfW Kiel bezüglich der militärischen Unterstützung zwischen Waffen/Ausrüstung und finanzieller Unterstützung mit militärischem Zweck (Grafik 3) sowie zwischen zugesagten (»committed«) und tatsächlich gelieferten (»delivered«) Waffen (Grafik 4).

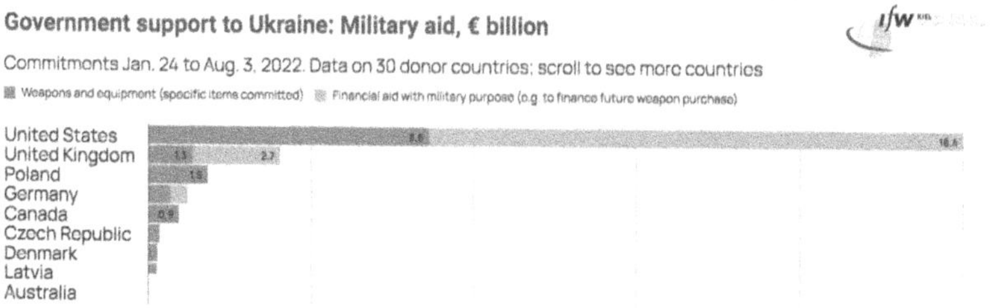

Grafik 3: Militärhilfe in Milliarden €, zwischen Waffen/Ausrüstung und finanzieller Unterstützung mit militärischem Zweck unterscheidend.

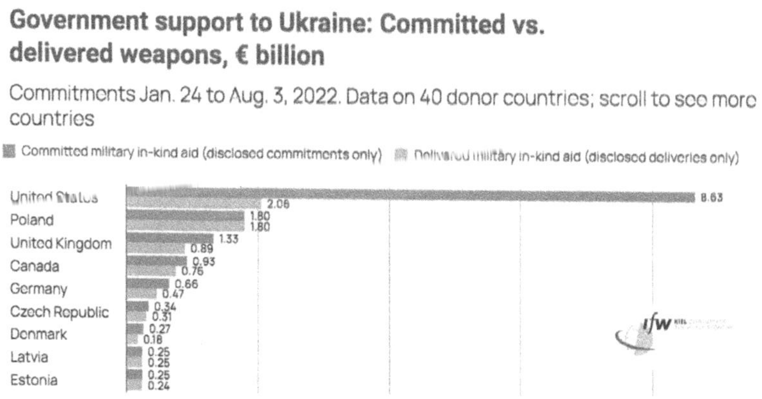

Grafik 4: Zugesagte vs. gelieferte Waffen in Milliarden €.

Diese Differenzierungen in den Grafiken 3 und 4 sind zwar interessant, sie ändern aber nichts an der schon oben geäußerten Feststellung, dass nur knapp 30 Staaten militärische Hilfe leisten und der Großteil dieser Hilfe von den USA kommt.

Diesem Befund entspricht auch die Tatsache, dass die Repräsentanten/-innen der meisten Staaten, die der GV-Resolution zugestimmt haben, direkte verbale – über die Resolution hinausgehende – Kritik an Russland, wie sie von westlichen Politiker/n/-innen regelmäßig geäußert wird, vermeiden. Letztlich erschöpft sich die verbale Kritik dieser Staaten in der Zustimmung zu der genannten Resolution, gleichsam im Schutz und Schatten des kollektiven Abstimmungsvorgangs.

Ein gutes Beispiel ist insoweit die *Türkei*, die zwar zu Beginn des Konflikts Drohnen an die Ukraine geliefert hat,[49] sich aber im Übrigen, obwohl sie NATO-Mitglied ist, den westlichen Sanktionen widersetzt[50] und sich stattdessen als Vermittler geriert, wie das Getreideexportabkommen vom Juli 2022 gezeigt hat.[51] Ein weiteres Beispiel ist *Brasilien*, das sich trotz eines von weiten Teilen des Militärs unterstützten, rechtsgerichteten und damit nicht per se russlandfreundlichen/antiamerikanischen Präsidenten an keinerlei Sanktionen beteiligt, geschweige denn die Ukraine militärisch unterstützt,[52] sondern – ähnlich wie China,[53] Indien[54] und Südafrika[55] – seit Beginn des Konflikts eine friedliche Lösung fordert.[56] Auch der Fall *Mexiko* kann hier genannt werden. Das Land hat nicht nur der gescheiterten Resolution des UN-Sicherheitsrats[57] und der der Generalversammlung zugestimmt, sondern unterstützt auch, wie wir sogleich sehen werden, als einer der wenigen Staaten des Globalen Südens die Strafverfolgung russischer Kriegsverbrechen durch den Internationalen Strafgerichtshof. Es beteiligt sich aber nicht an den westlichen Sanktionen und in der öffentlichen Diskussion wird – nicht zuletzt aus der gerade in Mexiko sehr verbreiteten Aversion gegen den übermächtigen nördlichen Nachbarn USA heraus[58] – sehr viel Verständnis für die russische Position gezeigt;[59] in der Abgeordnetenkammer wurde sogar einen Monat nach der russischen Invasion eine mexikanisch-russische Freundschaftsgruppe gebildet.[60] Zuletzt hat der mexikanische Außenminister am 22. September 2022 vor der UN-Generalversammlung eine Verhandlungslösung samt »Friedensplan« vorgeschlagen.[60a]

2.2. Völkerstrafrechtliche Strafverfolgung

Das Völkerstrafrecht ist ein relativ junges Rechtsgebiet, das formal eine Spezialmaterie des Völkerrechts darstellt, sachlich aber maßgeblich von strafrechtlichen Inhalten geprägt ist.[61] Denn in seinem Mittelpunkt steht die Anerkennung und (prozessuale) Feststellung der (völker)strafrechtlichen Verantwortlichkeit von natürlichen Personen – Menschen aus Fleisch und Blut[62] – für die Begehung völkerrechtlicher Kernverbrechen, also Völkermord (Genozid), Verbrechen gegen die Menschlichkeit, Kriegsverbrechen und das Verbrechen der Aggression (Angriffskrieg).[63]

Die völkerstrafrechtlichen Ermittlungen bezüglich möglicher russischer Kriegsverbrechen in der Ukraine finden auf zentraler (supranationaler) und dezentraler (innerstaatlicher) Ebene statt. *Zentral* (supranational) ist derzeit ausschließlich der in Den Haag ansässige Internationale Strafgerichtshof

(IStGH), genauer seine Anklagehörde (»Office of the Prosecutor«, OTP),[64] tätig;[65] darauf werden wir im Folgenden mehrfach zurückkommen. Die Einrichtung eines Ukraine-Sondertribunals für den russischen Angriffskrieg wird zwar von einigen Akteuren lautstark gefordert,[66] hat aber nach derzeitigem Stand wenig Aussicht auf Erfolg. Eine *dezentrale* Strafverfolgung auf innerstaatlicher Ebene findet etwa in Deutschland im Rahmen eines vom Generalbundesanwalt[67] betriebenen, sogenannten Strukturermittlungsverfahrens statt.[68] Dabei geht es zunächst darum, Beweise in einer bestimmten makrokriminellen Situation zu sichern, ohne dass sich die Ermittlungen schon gegen konkrete Beschuldigte richten.

In unserem Zusammenhang ist es vor allem von Interesse, welche Staaten die auf zentraler Ebene von der IStGH-Anklagebehörde durchgeführten Ermittlungen unterstützen. Man sollte meinen, dass dies alle (123) IStGH-Mitgliedsstaaten tun, also alle Staaten, die bislang dem Römischen Statut des IStGH, seinem Gründungsvertrag, beigetreten sind.[69] Dies ist jedoch nicht der Fall. Vielmehr haben sich 13 IStGH-Vertragsparteien bei der Abstimmung zur GV-Resolution vom 1. März 2022 enthalten[70] und keiner dieser Staaten unterstützt die laufenden IStGH-Ermittlungen in der Ukraine.

So war denn auch die beispiellose[71] kollektive Überweisung der Ukraine-Situation an den IStGH durch 43 Vertragsstaaten Anfang März 2022 hauptsächlich ein europäisches Unterfangen,[72] an dem sich nur ein Staat aus Asien (Japan), vier aus Amerika (Chile, Costa Rica, Kanada, Kolumbien) sowie Australien und Neuseeland beteiligt haben.[73] Die sogenannte »Atrocity Crimes Advisory Group (ACA)«, die die ukrainischen Ermittlungsbehörden, insbesondere die Generalstaatsanwaltschaft, fachlich begleiten soll, wurde von der EU, den

USA und dem Vereinigten Königreich ins Leben gerufen.[74] Die ebenfalls zur Unterstützung der Ukraine-Ermittlungen am 14. Juli 2022 ausgerichtete »Ukraine Accountability Conference« (UAK) wurde von der niederländischen Regierung zusammen mit der IStGH-Anklagebehörde und der EU-Kommission ausgerichtet; die Teilnehmer kamen im Wesentlichen aus den Ländern der genannten Staatenüberweisung (einschließlich der Ukraine), nur wenige weitere aus Amerika (Dominikanische Republik, Guatemala, Mexiko, Uruguay) sowie je einer aus Afrika (Kenia) und Asien (Südkorea).[75] Die Abschlusserklärung wurde nur von den europäischen und anderen westlichen (insgesamt 45) Staaten unterzeichnet und damit denjenigen, die die genannte Staatenüberweisung vorgenommen haben, sowie den USA und Mexiko.[76] Von den genannten, weiteren teilnehmenden Staaten des Globalen Südens (Dominikanische Republik, Guatemala, Mexiko, Uruguay sowie Kenia) unterzeichnete somit nur Mexiko die Abschlusserklärung. Die praktisch gleiche Kerngruppe westlicher Staaten (plus die EU) hat – ohne Beteiligung eines Staates aus dem Globalen Süden – ihre Unterstützung des (zwischenstaatlichen) Verfahrens der Ukraine gegen Russland vor dem Internationalen Gerichtshof erklärt.[76a]

2.3. Vorläufiges Fazit

Zusammenfassend muss man also konstatieren, dass sich die Unterstützung der Ukraine, die über die bloße Zustimmung zur GV-Resolution vom 2. März 2022 hinausgeht, auf maximal 45 Staaten – von insgesamt 193 UN Mitgliedsstaaten[77] – beschränkt. Dabei haben aber nicht all diese Staaten

Sanktionen gegen Russland verhängt und noch weniger leisten militärische Unterstützung. Es besteht also eine Art Nord-Süd-Gefälle,[78] wobei allerdings die Nord-Süd-Dichotomie (entwickelter, reicher Globaler Norden und unterentwickelter, armer Globaler Süden) eine vereinfachende Überzeichnung darstellt, denn heute gibt es Staaten im Globalen Süden, die gleich oder sogar weiter entwickelt sind als einige des Globalen Nordens.

Wie dem auch sei: Es stellt mehr als einen Euphemismus dar, wenn westliche Politiker von einer Isolierung Russlands durch die »internationale Gemeinschaft« sprechen, auch wenn dieser Begriff offenbar häufig – gerade in unseren Medien – in dieser eingeschränkten Weise verwendet wird und nur die USA mit ihren (westlichen) Verbündeten umfasst. Tatsächlich nimmt, wie gerade am Rande der 77. Sitzung der UN-Generalversammlung im vergangenen September[79] deutlich wurde, die »Ukraine fatigue« bei den ohnehin skeptischen Staaten des Globalen Südens mit der Dauer des Konflikts eher noch zu und diese sind immer weniger bereit, ihre wirtschaftlichen, sicherheitspolitischen und sonstigen Beziehungen zu Moskau in irgendeiner Form zu gefährden.[80] Wie ist nun aber dieser beklagenswerte Zustand zu erklären? Dies ist Gegenstand des folgenden Kapitels.

Kapitel II
Der widersprüchliche Umgang des Westens mit dem Völker(straf)recht

1. Historische Schuld …

Ein wichtiger Grund, warum Staaten des Globalen Südens eine kritische Haltung gegenüber der vorbehaltlosen westlichen Unterstützung der Ukraine im Namen einer regelbasierten Völkerrechtsordnung einnehmen, ist zunächst einmal, dass diese Ordnung von einer zunehmend kritischen und eigenständigen Völkerrechtswissenschaft – der sogenannten »Third World Approaches in International Law« (TWAIL) – als hegemoniales und damit illegitimes Projekt an sich in Frage gestellt wird.[81] Nach Makau Mutua, Professor an der University at Buffalo in den USA und einer der Vordenker dieser Bewegung, ist TWAIL »eine Antwort auf die Dekolonialisierung und das Ende der direkten europäischen Kolonialherrschaft über Nicht-Europäer«. TWAIL reagiere auf Völkerrecht als »imperiales Projekt« und versuche »proaktiv«, die Bedingungen in der Dritten Welt zu verändern. Dabei verfolge TWAIL drei grundlegende und zusammenhängende Ziele: Erstens gehe es um die Dekonstruktion des gegenwärtigen Völkerrechts als Mittel der »rassistischen Hierarchie« (»racialized hierarchy«) völkerrechtlicher Normen und Institutionen zur europäischen Beherrschung von Nicht-Europäern. Zweitens solle ein alternativer Rechtsrahmen internationaler »governance« geschaffen werden. Drittens versuche TWAIL durch wissenschaftlichen Diskurs (»scholarship«) und Politik (»policy, and politics«), »die Bedingungen der Unterentwicklung in der Dritten Welt auszumerzen«.[82]

Daran ist sicher richtig, dass das Völkerrecht in seinem Ursprung ein Produkt der Kolonialmächte gewesen ist und insbesondere auch zur Rechtfertigung der Kolonialherrschaft eingesetzt wurde. So wurden etwa die Kolonialgebiete als »herrenlos« (*terra nullius*) bezeichnet, um sie durch friedliche (!) »Occupation« erwerben zu können;[83] die dort lebenden Ureinwohner galten als »unzivilisiert« und mussten im Wege christlicher Missionierung »zivilisiert« werden (*mission civilisatrice*).[84] Weniger radikale Ansätze betonen ebenfalls die Rolle und Funktion des (europäischen) Völkerrechts als Instrument imperialer Beherrschung und Hegemonie in den Regionen des Globalen Südens. So argumentiert etwa der argentinische Rechtswissenschaftler Juan Pablo Scarfi, dass das (US-)amerikanische Völkerrecht von einem imperialen US-Bestreben geprägt war, Lateinamerika durch Förderung der Rechtsstaatlichkeit (rule of law) zu zivilisieren.[85]

Fest steht jedenfalls: Dieselben Kolonialmächte haben – seit dem Zweiten Weltkrieg allerdings unter der Führung der (selbst einmal kolonisierten) USA – die hegemoniale Völkerrechtsordnung weitgehend zu ihren Gunsten bis zum postkolonialen Ende der unipolaren Weltordnung eingesetzt, unter anderem um die Fortsetzung direkter oder indirekter Interventionen in den (früheren) Kolonien zu rechtfertigen.[86] Ein Nebeneffekt dieser westlichen Hegemonie ist eine bis heute anhaltende westliche Dominanz auf dem Gebiet der Entwicklungszusammenarbeit und humanitären Hilfe; Letztere wurde erst kürzlich von einem erfahrenen Kenner als »[L]argely elite western international system« und »imperial system of humanitarian aid« bezeichnet.[87] In unserer heutigen multipolaren – von mehreren globalen und regionalen Großmächten beherrschten – Weltordnung verschafft sich jedoch mehr und mehr ein posthegemoniales Völkerrecht Geltung, in dem nicht mehr der bisherige Hegemon (»der Westen«) ein Auslegungsmonopol beanspruchen kann, sondern völkerrechtliche Regeln multilateral ausgehandelt werden müssen.[88]

Vor diesem völkerrechthistorischen und -politischen Hintergrund muss der westliche Anspruch in den Ohren der Vertreter/innen des Globalen Südens hohl klingen, hat der Westen doch selbst in seiner Geschichte genau die Regeln des Völkerrechts – insbesondere auch das in unserem Zusammenhang besonders relevante Gewaltverbot – gebrochen, die er nun zu verteidigen vorgibt, oder vielmehr: die Ukraine in seinem Namen verteidigen lässt. So wird dem Westen vorgeworfen, mit zweierlei Maß zu messen und eine Doppelmoral zu predigen.[89] Liegen die rassistische Unterdrückung und Ausbeutung des Globalen Südens durch die großen Kolonialmächte,[90] die alle Teil des Pro-Ukraine-Bündnisses sind, auch schon einige Zeit zurück, so verfolgen sie unsere westlichen Gesellschaften doch bis heute,[91] wie nicht zuletzt etwa die aktuelle Debatte um die Rückgabe gestohlenen Kulturguts zeigt.[92] Wenn noch heute von Vertretern des Globalen Südens, vor allem aus Afrika südlich der Sahara, beklagt wird, dass Europa Afrika »nie verstanden« habe, immer noch »bevormunden« wolle, nur »Herrschaft über andere« kenne und endlich »lerne[n]« müsse »zu schweigen«,[93] so zeigt dies, wie tief die kolonialen Verletzungen reichen. Jedenfalls erklärt das historische Vermächtnis der Kolonialzeit, zumindest bis zu einem gewissen Grad, die Skepsis des Globalen Südens gegenüber der Ukraine-Politik des Westens.[94]

Wird aber dem Westen, repräsentiert durch die ehemaligen Kolonialmächte und die USA als postkoloniale Imperialmacht, im Globalen Süden wenig bis kaum Vertrauen entgegengebracht, so ist es nicht verwunderlich oder doch zumindest verständlich, dass das russische Narrativ einer Bedrohung durch eine neo-nationalsozialistisch kontaminierte Ukraine, zudem unterwandert und militärisch aufgerüstet durch die NATO, so abwegig dieses Narrativ aus unserer Sicht auch sein mag, durchaus auf offenen Ohren stößt. Statt das westliche Täter-Opfer-Narrativ – Russland als brutaler Aggressor und die Ukraine als unschuldiges Opfer – zu übernehmen, sieht man sich im Globalen Süden häufig mit der These eines legitimen russischen Verteidigungskriegs, sei es zur Entnazifizierung der Ukraine oder zur Zurückdrängung der NATO, konfrontiert.[95] Dabei ist die seit dem Zerfall der Sowjetunion vorangetriebene und auf dem Bukarester Gipfeltreffen im Jahre 2008 auch die Ukraine und Georgien einbeziehende NATO-Ost-Erweiterung[96] eine historische Tatsache, über deren Bedeutung – im Sinne eines relevanten Kausalfaktors – für den aktuellen Ukraine-Krieg man allerdings trefflich streiten kann.[97] Zu berücksichtigen ist dabei auch die weitere historische (und völkerrechtlich sehr bedeutsame) Tatsache, dass Russland die ukrainische Souveränität gegen deren Atomwaffenverzicht im Budapester Memorandum von 1994 anerkannt hat.[98] Fest steht, dass Russland, inspiriert von einem – an den berühmt-berüchtigten Verfassungsjuristen Carl Schmitt[99] erinnernden[100] –

euroasiatischen Großraumdenken,[101] die Ukraine und andere ehemalige Sowjetrepubliken sowie Staaten des ehemals sowjetischen Einflussbereichs seit Jahren destabilisiert. Und dies zeigt, dass eine regionale oder gar globale Sicherheitsarchitektur nachhaltig nur auf der Grundlage des Rechts – einer regelbasierten Völkerrechtsordnung eben – und nicht auf militärische Stärke alleine gebaut werden kann.[102] So gesehen erweist sich die russische Invasion in der Ukraine als bittere Lektion für den von den USA geführten Westen, als Schlag gegen die seit dem Zerfall der Sowjetunion anhaltende, auf militärischer Stärke beruhende Hybris – keineswegs nur republikanischer Präsidenten.[103]

2. … und heutige Brüche des Völkerrechts

Vergangenes koloniales Unrecht kann wohl – zumindest langfristig – durch eine respektvolle, durch Demut und ehrliche Reue geprägte postkoloniale Politik der Anerkennung, Aufarbeitung und Wiedergutmachung überwunden werden,[104] möglicherweise sogar unter Rückgriff auf die zunehmend populär gewordenen Instrumente der sogenannten Transitionsjustiz, die eine Reihe von (auch nicht-strafrechtlichen) Reaktionsmöglichkeiten und Aufarbeitungsoptionen für einen angemessenen Umgang mit dem vergangenen Unrecht bereitstellen.[105] Doch die Liste der jüngeren Verletzungen des Völkerrechts durch den Westen, angeführt von den USA, ist einfach zu lang, um einfach zur Tagesordnung übergehen zu können.

In Bezug auf das Recht zur Kriegsführung, das sogenannte *ius ad bellum*, das heute maßgeblich vom schon erwähnten Gewaltverbot eingehegt wird,[106] ist etwa – aus jüngerer Zeit[107]– die rechtswidrige Irak-Invasion unter George W. Bush jun., die nicht einmal von allen NATO-Mitgliedern unterstützt wurde,[108] in Erinnerung zu rufen.[109] In Bezug auf das im bewaffneten Konflikt geltende Recht, das sogenannte humanitäre Völkerrecht oder *ius in bello*,[110] und allgemeine Verletzungen der Menschenrechte[111] ist das Verhalten der NATO-Streitkräfte im Irak und in Afghanistan zu erwähnen, einschließlich des nach dem 11. September 2001 begonnenen »Kriegs gegen den Terror«. Dieser dient immer noch als Vorwand, um mit militärischen Mitteln (extralegale Hinrichtungen) reine Vergeltungsziele bei geringem oder fehlendem Bedrohungspotential zu verfolgen, wie zuletzt durch die Tötung des Al-Qaida-Führers Ayman al-Zawahiri in Kabul wieder eindrücklich vor Augen geführt wurde.[112] Die ganz überwiegende völkerrechtliche Literatur hält solche Tötungen für unvereinbar mit dem Völkerrecht, wenn sie außerhalb eines bewaffneten Konflikts[113] begangen werden, auch wenn die Tötung gezielt erfolgt und keine sogenannten Kollateralschäden verursacht.[114]

Die deutsche Bundesregierung hat diese US-Drohnentötungen nie verurteilt. Auch wenn ein Schweigen in solchen Fällen nicht unbedingt als (stillschweigende) Zustimmung gelten muss,[115] ist es bei der Regierung eines Landes, das sich den Eintritt für eine regelbasierte Völkerrechtsordnung auf die Fahnen geschrieben hat, zumindest bemerkenswert. Die damalige Bundeskanzlerin Angela Merkel hat die Tötung Osama Bin Ladens sogar ausdrücklich begrüßt[116] und sich damit wohl strafbar gemacht,[117] was freilich nie Konsequenzen hatte. Die jetzige Bundesregierung schweigt zum Fall Zawahiri, obwohl gerade dessen Tötung, unter dem Vorwand eines »Kriegs gegen den Terror«, in einem Land, das sich nicht mehr in einem bewaffneten Konflikt, also nicht mehr im »Krieg«, mit den USA befindet, aus der Sicht einer regelbasierten Völkerrechtsordnung besonders unerträglich erscheint. Die US-Regierung hätte zumindest die Anwesenheit Zawahiris in Kabul öffentlich machen können und die Taliban mit Blick auf ihre Versprechen im Abkommen von Doha[118] – keine Beherbergung von Terroristen – unter Druck setzen können: Entweder ihr liefert uns Zawahiri zur rechtsstaatlichen Aburteilung aus oder wir müssen die Angelegenheit im UN-Sicherheitsrat – als völkerrechtswidrige Unterstützung terroristischer Gruppen – verhandeln. Damit wären die Taliban in die Verantwortung genommen worden, nun wird die Tötung Zawahiris von ihnen und anderen Gruppen propagandistisch ausgeschlachtet. Der Rückgriff auf militärische Gewalt unterliegt jedenfalls auch in solchen Fällen dem Völkerrecht und den dort vorgesehenen Streitbeilegungsmechanismen.

Dessen ungeachtet hält Außenministerin Annalena Baerbock die Fahne des Völkerrechts hoch, auch und insbesondere während ihres letzten US-Besuchs im August 2022. Vor Studierenden beschwor sie die Unverbrüchlichkeit des Völkerrechts[119] und lobte die USA, der »Verantwortung für die internationale regelbasierte Ordnung gerecht« zu werden.[120] Seltsam, oder? Zumindest widersprüchlich, wenn man bedenkt, dass russische Auftragsmorde, vom berühmten Staschinski Fall (Ermordung eines ukrainischen Oppositionellen im Jahre 1957 in München)[121] bis zum Tiergartenmord im Jahr 2019,[122] hierzulande nicht nur strafrechtlich verfolgt, sondern auch von Politikern aller Couleur als das bezeichnet werden, was sie sind: extralegale Hinrichtungen im staatlichen Auftrag.[123] Aber die Bundesregierung schweigt beharrlich zur Tötung von Zawahiri und dies wird ganz zutreffend von Thomas Fischer kritisiert:

> »Im neuen Führungsstaat Deutschland fällt niemandem eine auch nur halbwegs plausible Erklärung ein, warum das gerechtfertigt sein könnte – außer der atemberaubenden Feststellung, Regierung und ›Stellen‹ der USA wollten dies nun mal so. Herr Bundespräsident, Meister der Moralansprache und Beschweiger des Foltercamps Guantánamo, schweigt.«[124]

Die hierin zum Ausdruck kommende Doppelmoral ließe sich mit noch weiteren Beispielen belegen, etwa mit der vom ersten grünen Außenminister Joschka Fischer mit dem Konzept der humanitären Intervention (möglicher Völkermord Serbiens an den Kosovo-Albanern) gerechtfertigten NATO-Intervention im serbisch-kosovarischen Krieg im Jahre 1999.[125] Diese Intervention, vor allem die massiven NATO-Bombardierungen zwischen 24. März und 9. Juni 1999, wird heute auch hierzulande durchaus kritisch gesehen.[126] Sie hat immerhin zu einer Voruntersuchung eines von der damaligen Chefanklägerin[127] des UN-Straftribunals für das ehemalige Jugoslawien (*International Criminal Tribunal for the former Yugoslavia*, ICTY) eingesetzten Ausschusses geführt, der sich allerdings trotz einer beträchtlichen Zahl ziviler Opfer und sonstiger Schäden gegen die Eröffnung eines förmlichen Ermittlungsverfahrens ausgesprochen hat.[128] Unabhängig davon ist mit Blick auf das schon mehrfach erwähnte Gewaltverbot gemäß Artikel 2 Abs. 4 der UN-Charta[129] an dieser Intervention problematisch, dass sie weder vom UN-Sicherheitsrat autorisiert noch auf das Selbstverteidigungsrecht von Artikel 51 UN Charta[130] gestützt werden konnte. Das in Anspruch genommene

Konzept der humanitären Intervention – mitunter wird auch von Schutzverantwortung (*responsibility to protect*) gesprochen – wiederum ist bis heute höchst umstritten und kann, wenn überhaupt, nur unter engen Voraussetzungen (humanitärer Extremfall, z. B. drohender Völkermord, und vergebliche Anrufung des UN-Sicherheitsrats aufgrund Vetos) als anerkannte Erlaubnisnorm des Völkerrechts zur Durchbrechung des Gewaltverbots gelten.[131] Im Fall der Ukraine-Invasion kommt es schon deshalb nicht in Betracht, weil – entgegen dem russischen Völkermord-Narrativ[132] – ein humanitärer Extremfall im genannten Sinne in der Ostukraine (Luhansk und Donezk) nie existiert hat;[133] Russland hat sich interessanterweise in seinen offiziellen Stellungnahmen auch nie explizit darauf berufen.[134]

3. Völkerstrafrechtliche Widersprüche

Wenn wir über das Völker*straf*recht im Zusammenhang mit der Ukraine sprechen, geht es vor allem, wie schon oben erwähnt, um die zentrale (supranationale) Verfolgung möglicher russischer, aber auch ukrainischer Kriegsverbrechen durch den Internationalen Strafgerichtshof. Leider ist jedoch auch diese Institution nicht von Problemen und inneren Widersprüchen frei und eine Gesamtbilanz ihrer Arbeit nach nunmehr 20 Jahren fällt, wie an anderer Stelle dargelegt,[135] durchaus gemischt aus.

Im hiesigen Zusammenhang ist es vor allem von Interesse, wie die Anklagebehörde des Gerichtshofs mit möglichen völkerrechtlichen Verbrechen westlicher Staaten umgegangen ist. Was insoweit die Lage im *Irak* seit der US-Invasion und der nachfolgenden Besatzung betrifft, so konzentrierte sich die Voruntersuchung (die sogenannte »preliminary examination«)[136] auf mutmaßliche Verbrechen, die von britischen Staatsbürgern zwischen 2003 und 2008 begangen wurden, darunter Mord, Folter und andere Formen von Misshandlungen. Die ehemalige Chefanklägerin Fatou Bensouda, eine gambische Staatsangehörige, stellte die Ermittlungen am 9. Dezember 2020 ein und begründete dies im Kern mit den innerstaatlichen Ermittlungen im Vereinigten Königreich, die ein Verfahren vor dem Strafgerichtshof – nach dem sogenannten Komplementaritätsgrundsatz[137] – unzulässig machten.[138] Allerdings wurden die besagten innerstaatlichen Ermittlungen zwischenzeitlich ebenfalls ohne Anklageerhebung eingestellt.[139]

Was die Situation in *Afghanistan* angeht, so ist die Anklagebehörde von einer hinreichenden Grundlage für die Aufnahme von (förmlichen) Ermittlungen ausgegangen, doch zunächst hat die zuständige Vorverfahrenskammer ihrem Antrag auf Genehmigung zur Einleitung dieser Ermittlungen[140] nicht stattgegeben.[141] Die Berufungskammer hat diese Entscheidung im März 2020 aufgehoben und die Anklägerin ermächtigt, die förmlichen Ermittlungen einzuleiten.[142] Auf dieser Grundlage ersuchte der aktuelle Chefankläger Karim Ahmad Khan am 27. September 2021 um Ermächtigung zur Wiederaufnahme der förmlichen Ermittlungen,[143] beschloss aber gleichzeitig, sich »auf mutmaßlich von den Taliban und dem Islamischen Staat – Provinz Khorasan (›IS-K‹) begangene Verbrechen zu konzentrieren und andere Aspekte dieser Ermittlungen zu depriorisieren«,[144] womit möglichen US-Verbrechen faktisch nicht weiter nachgegangen wird.[145]

Diese Entscheidung ist bedauerlich, denn sie *erweckt* den

Eindruck, auf Druck der US-Regierung ergangen zu sein.[146] Dies deshalb, weil die gerade erwähnte Entscheidung der Berufungskammer zu einem beispiellosen Angriff der damaligen Trump-Regierung auf den Strafgerichtshof geführt hat,[147] in dessen Rahmen unter anderem gegen die damalige Chefanklägerin Bensouda und leitende Mitarbeiter der Anklagebehörde Sanktionen verhängt[148] und der Gerichtshof samt seinem Personal diffamiert und beleidigt wurden.[149] In unserem Zusammenhang noch wichtiger ist, dass die »Depriorisierung« der Ermittlungen zu möglichen US-Verbrechen die vor allem aus dem Globalen Süden bekannte und geäußerte Kritik an einer Bevorzugung mächtiger westlicher Staaten neue Nahrung gibt.[150] Darüber hinaus ist die uneingeschränkte Unterstützung der von der Anklagebehörde geführten Ukraine-Ermittlungen durch die Biden-Regierung, die eine radikale Kehrtwende der US-Politik – von einem wütenden Kritiker des Gerichtshofs zu einem entschiedenen Befürworter (soweit es das innerstaatliche Recht und die Politik zulassen) – schwer nachzuvollziehen.[151] Ist sie nur eine Konsequenz der geänderten innenpolitischen Rahmenbedingungen – mit einem demokratischen Präsidenten statt einem extremistischen Republikaner – oder hat sie mit der (anti-russischen) Stoßrichtung der Ukraine-Ermittlungen im Vergleich zu den (ursprünglich auch die USA betreffenden) Afghanistan-Ermittlungen zu tun?

Jedenfalls besteht, angesichts der Zusammensetzung der oben erwähnten Gruppe der die Ukraine (rechtlich und tatsächlich) unterstützenden Staaten und der führenden Rolle der USA in dieser Gruppe, die ernsthafte Gefahr einer Instrumentalisierung des Internationalen Strafgerichtshofs. Dies bestätigt in gewisser Weise die bereits kritisierte[152] Tendenz, die in der kürzlich eingerichteten Gemeinsamen Ermittlungsgruppe *(Joint Investigation Team, JIT)* – einem besonderen Ermittlungsinstrument im Rahmen der europäischen polizeilich-justiziellen Zusammenarbeit[153] – zur Ukraine[154] zum Ausdruck kommt: Nicht nur spielt die Ukraine in dieser Ermittlungsgruppe eine herausragende Rolle – obwohl sie Konfliktpartei und noch immer keine Vertragspartei des IStGH-Statuts ist[155] –, auch die anderen beteiligten Staaten (Estland, Lettland, Litauen, Polen, Slowakei), die bekanntlich eine besonders russlandkritische Position einnehmen, garantieren nicht ohne weiteres die Unparteilichkeit der Ermittlungen. Hinzu kommt, dass das jüngst in Kraft getretene ukrainische Gesetz zur Zusammenarbeit mit dem IStGH eine dezidiert antirussische Tendenz aufweist.[156] Dies scheint weder die westlichen Akteure, einschließlich der EU, noch den IStGH besonders zu besorgen; jedenfalls hört man keinen öffentlichen Protest. Immerhin hat sich die IStGH-Anklagebehörde der Ermittlungsgruppe nicht als Mitglied (»member«), sondern nur als Beteiligter (»participant«) angeschlossen.[157] Dies zeigt eine gewisse kritische Distanz zu dieser Ermittlungsgruppe – ganz anders als im Fall der kürzlich zu Verbrechen gegen Migranten in Libyen eingerichteten Ermittlungsgruppe, der die Anklagebehörde sofort als Mitglied beigetreten ist[158] – und zu den von der Ukraine geführten Ermittlungen insgesamt. Umso erstaunlicher ist es, dass, wie man aus Den Haag hört, mit Brenda Hollis eine US-Amerikanerin zur Leiterin der Ukraine-Ermittlungen in der IStGH-Anklagebehörde gemacht wurde.

In diesem Zusammenhang ist auch die schon eingangs erwähnte[159] Ablehnung des jüngsten AI-Berichts[160] durch die ukrainische Regierung bedauerlich und verstärkt schon vorhandende Zweifel an der Unparteilichkeit von Ermittlungen, die maßgeblich von der ukrainischen Generalstaatsanwaltschaft und ukrainischen Ermittlern durchgeführt werden. Die regierungsamtliche Reaktion zeigt im Übrigen, dass die ukrainische Regierung völkerrechtlich schlecht beraten ist, denn sie (einschließlich Präsident Wolodymyr Selenskyj)[161] scheint zu verkennen, dass die russische Verletzung des Gewaltverbots (*ius ad bellum*) die Ukraine nicht von den Verhaltensregeln im bewaffneten Konflikt (*ius in bello*) entbindet. Wie schon oben[162] erläutert: Das im bewaffneten Konflikt geltende humanitäre Völkerrecht (*ius in bello*) gilt auch für das Opfer einer Verletzung des Gewaltverbots (*ius ad bellum*), Opfer (Ukraine) und Täter (Russland) werden also insoweit gleichbehandelt.

Vor diesem Hintergrund ist es wenig verwunderlich, dass die die Ukraine betreffenden völkerstrafrechtlichen Aktivitäten von den IStGH-Vertragsstaaten, die nicht der Ukraine-Unterstützergruppe angehören, insbesondere den afrikanischen Staaten, kritisch gesehen werden.[163] Sollte dieser Ukraine-Fokus zudem eine (weitere) Marginalisierung oder Nichteinleitung/Einstellung weiterer Voruntersuchungen nach sich ziehen,[164] so könnte sich der Gerichtshof erneut der Kritik einer westlichen Voreingenommenheit ausgesetzt sehen, dieses Mal allerdings wegen fehlender Ermittlungstätigkeit im Globalen Süden, insbesondere in Afrika. Und dies zu einer Zeit, in der diese angebliche Voreingenommenheit nun auch zum Gegenstand einer akademischen Debatte in einem großen westlichen IStGH-Forum geworden ist.[165] Deshalb ist es zu begrüßen, dass Chefankläger Khan die Aktivitäten seiner Behörde in Afrika und Lateinamerika (weiter) zu verstärken versucht[166] sowie die Verwendung der zusätzlichen Ukrainemittel auch für andere Ermittlungen angekündigt hat.[167]

4. Jüngste völkerrechtliche Inkonsistenzen

Die Liste des widersprüchlichen Umgangs des Westens mit dem Völkerrecht kann um zwei weitere Beispiele ergänzt werden, die im (zeitlichen bzw. inhaltlichen) Zusammenhang mit der Ukraine-Invasion stehen. Leider sind das nicht die einzigen Beispiele. Nach Abgabe des Manuskripts ergibt sich aus einer Antwort auf eine parlamentarische Anfrage, dass Deutschland (nach wie vor) Waffen für den Krieg im Jemen liefert und zwar an Staaten, die der saudiarabischen Kriegskoalition angehören.[167a] Sieht so die deutsche Verteidigung der regelbasierten Völkerrechtsordnung jenseits der Ukraine aus?

4.1. Memorandum of Understanding (MoU) zwischen Finnland, Schweden und Türkei

Im Zusammenhang mit dem NATO-Beitritt Finnlands und Schwedens wurden der Türkei menschen- und rechtsstaatlich bedenkliche Zugeständnisse in einem trilateralen MoU, das unter der Schirmherrschaft des NATO-Generalsekretärs ausgehandelt wurde, gemacht.[168] Das MoU ist in einem äußerst repressiven, exzessiven Anti-Terrorismus-Modus verfasst.[169] Es stellt die PKK mit anderen türkischen Oppositionsgruppen, die im Allgemeinen nicht als »terroristisch« gelten, auf eine Stufe[170] und fordert eine verstärkte Zusammenarbeit zwischen der Türkei und Finnland/Schweden im Hinblick auf die Auslieferung mutmaßlicher kurdischer »Terroristen«;[171] damit wird der NATO-Beitritt Finnlands und Schwedens – sachwidrig – von der Auslieferung solcher Personen an die Türkei abhängig gemacht (»Extradition for Accession«).[172] Ein ausdrücklicher Verweis auf die einschlägigen Menschen- und Flüchtlingsrechte fehlt, es wird lediglich das Europäische Auslieferungsübereinkommen von 1957 – als geltender Mutterkonvention des Europarats für den europäischen Auslieferungsverkehr[173] – erwähnt.[174] Zwar enthält dieses Abkommen eine Ausnahme von der Auslieferung bei politischen Straftaten, einschließlich einer Nichtdiskriminierungsklausel,[175] doch es unterbleibt ein Verweis auf spezifischere menschenrechtliche Auslieferungshindernisse, wie sie sich aus der Europäischen Menschenrechtskonvention (EMRK) und der Rechtsprechung des Europäischen Gerichtshofs für Menschenrechte (EGMR)[176] sowie aus der UN Flüchtlingskonvention von 1951,[177] insbesondere dem sogenannten Non-Refoulment-Grundsatz (Verbot der Ausweisung und Zurückweisung),[178] ergeben.

Alles in allem liest sich dieses MoU als bedingungslose Konzession an die türkische Regierung, um unter allen Umständen deren Zustimmung zum NATO-Beitritt Finnlands und Schwedens zu erreichen. Es bedient nicht nur das regierungsamtliche antikurdische und Anti-Gülen-Narrativ,[179] sondern unterstützt die Türkei auch tatkräftig in der polizeilichen, geheimdienstlichen und militärischen[180] Bekämpfung der von ihr als »terroristisch« ausgemachten Personen und Gruppen. Es ist deshalb zu Recht kritisiert worden, dass das MoU den politischen und militärischen Interessen Vorrang vor den Menschenrechten einräumt.[181]

4.2. Draft Bill of Rights des Vereinigten Königreichs

Ausgelöst durch eine vorläufige Anordnung[182] des EGMR, mit der die Abschiebung eines Asylbewerbers von Großbritannien nach Ruanda wegen eines möglichen Verstoßes gegen Art. 8 EMRK, der das Recht auf Achtung des Privat- und Familienlebens garantiert,[183] untersagt wurde,[184] hat die britische Regierung, noch geführt von Boris Johnson, einen (neuen)[185] Entwurf einer Bill of Rights[186] vorgelegt, mit dem faktisch die EMRK samt dem Gerichtshof untergraben wird.

Der Entwurf ist auf einhellige und teilweise scharfe Kritik gestoßen.[187] In unserem Zusammenhang ist der Ausschluss des innerstaatlichen Rechtswegs für das Verhalten britischer Streitkräfte bei »Übersee-Militäroperationen« (»overseas military operations«) von besonderem Interesse.[188] Die entsprechende Klausel 14[189] richtet sich in erster Linie gegen die Rechtsprechung des EGMR zur extraterritorialen Anwendung der Konvention, denn damit hat der Gerichtshof diese auch im Ausland für anwendbar erklärt, wenn die Streitkräfte des betreffenden Vertragsstaates (hier des Vereinigten Königreichs) eine effektive Kontrolle über das Geschehen während der Kampfhandlungen ausüben.[190] Hiermit findet die Konvention grundsätzlich auch bei Auslandseinsätzen Anwendung und eine Konventionsverletzung kann zu einer Verurteilung des betreffenden Vertragsstaats führen. Mit der besagten Klausel 14 soll nun eine Art »innerstaatliche gerichtliche Immunität« bei möglichen Menschenrechtsverletzungen im Rahmen solcher Auslandseinsätze der britischen Streitkräfte geschaffen werden,[191] d.h., die durch Taten im Rahmen solcher Auslandseinsätze verletzten Personen können dagegen keinen innerstaatlichen (britischen) Rechtsschutz suchen. Allerdings steht der Rechtsweg zum EGMR weiterhin zur Verfügung, denn die EMRK bleibt so lange anwendbar (und damit der EGMR zuständig), wie das Vereinigte Königreich nicht – in einem nächsten Schritt – aus der Konvention austritt.

Wie dem auch sei, der Ausschluss des innerstaatlichen Rechtswegs bei (grundlegenden) Menschenrechtsverletzungen kann nur – in Übereinstimmung mit der einhelligen Kritik – als schlichtweg inakzeptabel bezeichnet werden. Wie kann so etwas überhaupt vom Vereinigten Königreich als einer der ältesten Demokratien der Welt mit einer wohl unvergleichlichen Geschichte des Schutzes der Menschenrechte und der Rechtsstaatlichkeit vorgeschlagen werden?[192] Was würden wir sagen, wenn Russland in Bezug auf sein Verhalten in der Ukraine dasselbe tun würde?[193] Und wie können wir angesichts eines solchen Gesetzesentwurfs frühere Gegenmaßnahmen Russlands gegen den EGMR[194] glaubwürdig kritisieren, einschließlich seines endgültigen Rückzugs aus dem Europäischen Menschenrechtssystem?[195] Es muss den Ukrainern – und nicht nur ihnen – in der Tat »bizarr« vorkommen, wenn ein (ehemaliger) Regierungschef, der sich lautstark für ihre Rechte gegenüber Russland einsetzt, diese Rechte seinen eigenen Staatsbürgern vorenthalten will.[196]

Kapitel III
Schlussfolgerungen: Größere westliche Konsistenz im Völker(straf)recht

Aus den hier vorgetragenen Überlegungen sollte klar geworden sein, dass der westliche Anspruch, eine regelbasierte Völkerrechtsordnung im Zusammenhang mit der Ukraine-Situation oder darüber hinaus zu verteidigen, nur dann als legitim gelten kann, wenn der Westen sich selbst an die völkerrechtlichen Regeln hält, die diese Ordnung ausmachen. Nun mag man durchaus Unterschiede zwischen dem russischen Angriffskrieg und der US-geführten Invasion im Irak oder zwischen den russischen Verletzungen des humanitären Völkerrechts in der Ukraine und den westlichen im Irak und in Afghanistan sehen, doch diese Unterschiede sind, sofern man sie überhaupt akzeptiert, bestenfalls gradueller, aber nicht prinzipieller Natur.[197] Dasselbe gilt für Drohnentötungen durch die USA außerhalb bewaffneter Konflikte und außergesetzliche Hinrichtungen durch Russland in Deutschland oder anderswo. In all diesen Situationen wird Völkerrecht verletzt, und der eine Verletzer kann den anderen nicht legitim und glaubwürdig zur Einhaltung auffordern: »Wer unter euch ohne Sünde ist, werfe als Erster einen Stein auf sie.«[198]

Dies mag für manche etwas zu apodiktisch klingen, weshalb ich drei differenzierende Vorbehalte formulieren möchte.

Erstens geht es in meiner Argumentation nicht um eine Art *tu quoque*-Verteidigung,[199] mittels derer Russlands eklatante Verletzung des Völkerrechts gegenüber der Ukraine mit ähnlichen oder vergleichbaren westlichen Völkerrechtsbrüchen gerechtfertigt werden soll.[200] Vielmehr lautet mein Argument, dass das Völkerrecht zwar von allen Staaten zu respektieren ist, der (westliche) Anspruch, durch die Unterstützung der Ukraine eine regelbasierte Völkerrechtsordnung zu verteidigen, jedoch auf der unhintergehbaren Prämisse beruht, selbst in voller Übereinstimmung mit den Regeln dieser völkerrechtlichen Ordnung zu handeln. Da dies bedauerlicherweise nicht der Fall ist, fehlt dem westlichen Anspruch die notwendige Legitimität. Und leider nicht nur das: Wie wir gesehen haben, findet die westliche Ukraine-Politik auch keine universelle Unterstützung, nicht einmal angesichts des eklatanten russischen Verstoßes gegen das Gewaltverbot als der wohl grundlegendsten Norm der internationalen Rechtsordnung.

Zweitens bin ich mir bewusst, dass die Ungereimtheiten des westlichen Umgangs mit dem Völkerrecht nur teilweise oder bis zu einem gewissen Grad – ich verwende die gleichen Worte schon oben – die Zurückhaltung vieler Staaten, hauptsächlich des Globalen Südens, erklären, die westliche Ukraine-Politik zu unterstützen. Natürlich gibt es noch andere Gründe, die nichts mit den aufgezeigten westlichen Widersprüchen zu tun haben, sondern mit prinzipienloser Machtpolitik, der Missachtung von Rechtsstaatlichkeit und Menschenrechten seitens autoritärer Regierungen[201] sowie mit wirtschaftlichen und anderen Interessen.[202] Eine wichtige Rolle spielt auch, dass viele Politiker/innen und Vertreter/innen des Globalen Südens weniger das russische imperiale Gehabe an sich unterstützen, als vielmehr die darin liegende Erniedrigung und Zurückdrängung der Dominanz des Westens (stillschweigend) begrüßen. Russland tut etwas gegen westliche Hegemonie im Globalen Süden, was dessen Führer gerne täten, aber (alleine) nicht tun können; insoweit ist man Russland insgeheim dankbar und empfindet klammheimlich wohl eine gewisse Schadenfreude.

Drittens will ich nicht, ungeachtet des prinzipiellen Charakters meines Arguments, bestreiten, dass graduellen Unterschieden im Rahmen einer Gesamtbewertung durchaus Bedeutung zukommt. Zum einen gibt es einen (mehr als graduellen) Unterschied zwischen einem autoritären, vielleicht sogar faschistischen[203] Regime wie dem Putins und einer liberalen Demokratie wie den USA, wo – und das ist gerade mit Blick auf die Meinungs- und Wissenschaftsfreiheit ein zentraler Unterschied – die in diesem Essay erwähnten Widersprüche und Ungereimtheiten frei angesprochen und kritisch diskutiert werden können. Zum anderen halten sich liberale Demokratien samt ihren Streitkräften eher an die Regeln des (humanitären) Völkerrechts als autoritäre Regime, was sich etwa an dem seit dem Zweiten Weltkrieg zunehmenden Bemühen westlicher Staaten zeigt, das *ius in bello* strikt zu befolgen.[204] Auch wurde bei den westlichen Verletzungen des Gewaltverbots nicht das Existenzrecht des angegriffenen bzw. betroffenen Staates an sich in Frage gestellt, wie das von der russischen Führung bezüglich der Ukraine getan wird.[205] Äquidistanz, also gleicher Abstand bzw. Nähe zu den USA und Russland, wie sie Klaus von Dohnany in der Sache fordert,[206] ist deshalb keine Option, eher schon ein realistischer Blick auf das Ende der »Sonderbeziehung« Deutschlands mit dem nun »gründlich entzaubert[en]« Russland.[207] Ebenso klar ist aber, dass sich liberale Demokratien gerade wegen ihres rechtsstaatlichen und menschenrechtlichen Anspruchs fortwährend um eine größere Kohärenz und Konsistenz in ihrem Umgang mit dem Völkerrecht bemühen sollten, und sei es auch nur um ihrer selbst willen.

Abkürzungsverzeichnis

AA	Auswärtiges Amt
Abs.	Absatz
Aufl.	Auflage
AMRK	Amerikanische Menschenrechtskonvention
Anm.	Anmerkung
Art.	Artikel
ASIL	American Society of International Law
BGBl	Bundesgesetzblatt
DRiZ	Deutsche Richterzeitung
ECtHR	European Court of Human Rights
ECHR	European Convention on Human Rights
EGMR	Europäischer Gerichtshof für Menschenrechte
EMRK	Europäische Menschenrechtskonvention
EuAlÜbk	Europäisches Auslieferungsübereinkommen
GA	General Assembly (UN)
GV	Generalversammlung (VN)
GVG	Gerichtsverfassungsgesetz
IGH	Internationaler Gerichtshof
ICC	International Criminal Court
ICJ	International Court of Justice
ICTY	International Criminal Tribunal for the former Yugoslavia
IfW	Institut für Weltwirtschaft (Kiel)
IGH	Internationaler Gerichtshof

IMG	Internationaler Militärgerichtshof (Nürnberg)
IPbpR	Internationaler Pakt über bürgerliche und politische Rechte
IPwskR	Internationaler Pakt über wirtschaftliche, soziale und kulturelle Rechte
IStGH	Internationaler Strafgerichtshof
i. V. m.	in Verbindung mit
Jh.	Jahrhundert
JICJ	Journal of International Criminal Justice
LJIL	Leiden Journal of International Law
MdB	Mitglied des Bundestags
m. w. N.	mit weiteren Nachweisen
NATO	North Atlantic Treaty Organisation
OTP	Office of the Prosecutor (Anklagebehörde IStGH)
PTC	Pre-Trial-Chamber (ICC)
para.	paragraph
Rn.	Randnummer
Rspr	Rechtsprechung
s.	siehe
SC	Security Council (UN)
SPD	Sozialdemokratische Partei Deutschlands
SR	Sicherheitsrat (VN)
TWAIL	Third World Approach to International Law
UN	United Nations
vgl.	vergleiche
VN	Vereinte Nationen
ZäöRV	Zeitschrift für ausländisches öffentliches Recht und Völkerrecht
z. B.	zum Beispiel
Ziff.	Ziffer
ZP	Zusatzprotokoll

Anmerkungen

Einführung

1 Vgl. überblicksartig M. Popova / M. Zhernakov, Analyse: Das Trugbild vom Durchbruch zum Rechtsstaat – Justizreform nach der Revolution der Würde, Bundeszentrale für politische Bildung, 16.9.2020, abrufbar unter https://www.bpb.de/themen/europa/ukraine/315519/analyse-das-trugbild-vom-durchbruch-zum-rechtsstaat-justizreform-nach-der-revolution-der-wuerde/; C. Gherasimov / I. Solonenko, Rule of Law Reform after Zelenskyi's First Year, DGAP Analysis May 2020 (»no significant breakthroughs«), abrufbar unter https://dgap.org/sites/default/files/article_pdfs/DGAP-Analysis-2020-4-EN.pdf; US Department of State, 2021 Country reports on Human Rights Practices: Ukraine, abrufbar unter https://www.state.gov/reports/2021-country-reports-on-human-rights-practices/ukraine/; speziell zur Korruption: Council of Europe – Venice Commission, Ukraine – Urgent Joint Opinion of the Venice Commission and the Directorate General of Human Rights and Rule of Law (DGI) of the Council of Europe on the legislative situation regarding anti-corruption mechanisms following Decision No. 13-r/2020 of the Constitutional Court of Ukraine, issued pursuant to article 14a of the Venice Commission's rules of procedure, 9.12.2000, abrufbar unter https://www.venice.coe.int/webforms/documents/?pdf=CDL-PI(2020)018-e; Europäischer Rechnungshof, Sonderbericht. Bekämpfung der Großkorruption in der Ukraine: mehrere EU-Initiativen, jedoch nach wie vor unzureichende Ergebnisse, DE 2021, abrufbar unter https://www.eca.europa.eu/Lists/ECADocuments/SR21_23/SR_fight-against-grand-corruption-in-Ukraine_DE.pdf.

2 K. Ambos, Die ukrainische Verfolgung völkerrechtlicher Verbrechen ist durch Zweifel belastet, FAZ Einspruch, 1.6.2022, abrufbar unter https://www.faz.net/einspruch/ukrainische-verfolgung-voelkerrechtlicher-verbrechen-18073903.html; etwas ausführlicher ders., Ukrainian Prosecution of ICC Statute Crimes: Fair, Independent and Impartial?, EJIL: Talk! 10.6.2022, abrufbar unter https://www.ejiltalk.org/ukrainian-prosecution-of-icc-statute-crimes-fair-independent-and-impartial/; dagegen nun G. Nuridzhanian, Prosecuting war crimes: are Ukrainan courts fit to do it?, EJIL: Talk! 11.8.2022, abrufbar unter https://www.ejiltalk.org/prosecuting-war-crimes-are-ukrainian-courts-fit-to-do-it/.

3 Ich verwende hier und im Folgenden den Begriff »Kriegsverbrechen«, weil es im Rahmen eines bewaffneten Konflikts wie dem zwischen Russland und der Ukraine vorrangig um solche geht. Damit ist nicht ausgeschlossen, dass es auch zu anderen völkerrechtlichen Verbrechen im Sinne der im Römischen Statut des Internationalen Strafgerichtshofs (BGBl II 2000, S. 1393, https://www.bgbl.de/xaver/bgbl/start.xav#__bgbl__%2F%2F*%5B%40attr_id%3D%27bgbl200s1393b.pdf%27%5D__1660720788427) definierten (Artikel 5-8*bis*) kommen kann, wobei in unserem Zusammenhang insbesondere Verbrechen gegen die Menschlichkeit (Artikel 7) und das Verbrechen der Aggression (Artikel 8*bis*) – als qualifizierte Verletzung des Gewaltverbots (dazu sogleich u. Anm. 14 mit Haupttext) – in Betracht kommen; weitergehend sogar für einen Völkermord (Artikel 6 IStGH-Statut) C. Tomuschat, Russlands Überfall auf die Ukraine. Der Krieg und die Grundfragen des Rechts, Osteuropa 72 (2022), S. 33, 44 ff. (»... alle äußeren Anzeichen deuten darauf hin ...« [S. 46]) und noch apodiktischer O. Luchterhandt, Völkermord in Mariupol. Russlands Kriegsführung in der Ukraine, Osteuropa 72 (2022), S. 65 ff. Näher zu den völkerrechtlichen Kernverbrechen im Allgemeinen K. Ambos, Internationales Strafrecht, 5. Aufl. 2018, § 7 Rn. 117 ff.

4 AI, Ukraine: Ukrainian fighting tactics endanger civilians, 4.8.2022, abrufbar unter https://www.amnesty.org/en/latest/news/2022/08/ukraine-ukrainian-fighting-tactics-endanger-civilians/.

5 Vgl. nur Voice of America, Amnesty International Ukraine Report Sparks Furor, Resignation, 6.8.2022, abrufbar unter https://www.voanews.com/a/amnesty-international-ukraine-report-sparks-furor-resignation-/6690211. html.

6 Für eine berechtige Kritik am AI-Bericht siehe etwa Gauseweg, Die Ukraine verteidigt dort, wo sie angegriffen wird, LTO 11.8.2022, abrufbar unter https://www.lto.de/recht/hintergruende/h/ukraine-krieg-amnesty-bericht-vorwurf-gefaehrdung-zivilbevoelkerung-humanitaeres-voelkerrecht/; differenzierend M. N.Schmitt, Ukraine Symposium – Amnesty International's Allegations of Ukrainian IHL Violations, Lieber Institute 8.8.2022, abrufbar unter https://lieber.westpoint.edu/amnesty-allegations-ukrainian-ihl-violations/ (einerseits sei Kritik an AI »unfair or misguided«, denn es handele sich um eine »respected« Menschenrechtsorganisation; andererseits werde der Vorwurf rechtswidrigen Verhaltens der ukrainischen Regierung – etwa mit Blick auf Verwendung menschlicher Schutzschilder oder unzureichender Vorsichtsmaßnahmen – nicht überzeugend und genau genug nachgewiesen); für eine Verteidigung von AI siehe P. Taylor, Consider Amnesty's message, don't shoot the messenger, Politico, 11.8.2022, abrufbar unter https://www.politico.eu/article/consider-amnesty-international-ukraine-message-dont-shoot-the-messenger/.

7 Art. 51 UN-Charta <https://unric.org/de/charta/> legt das Recht zu individuellen und kollektiven Selbstverteidigung fest:

»Diese Charta beeinträchtigt im Falle eines bewaffneten Angriffs gegen ein Mitglied der Vereinten Nationen keineswegs das naturgegebene Recht zur individuellen oder kollektiven Selbstverteidigung, bis der Sicherheitsrat die zur Wahrung des Weltfriedens und der internationalen Sicherheit erforderlichen Maßnahmen getroffen hat. Maßnahmen, die ein Mitglied in Ausübung dieses Selbstverteidigungsrechts trifft, sind dem Sicherheitsrat sofort anzuzeigen; sie berühren in keiner Weise dessen auf dieser Charta beruhende Befugnis und Pflicht, jederzeit die Maßnahmen zu treffen, die er zur Wahrung oder Wiederherstellung des Weltfriedens und der internationalen Sicherheit für erforderlich hält.«

8 Das ist die Logik der von R. Merkel gezogenen zweiten normativen Grenzlinie einer Verlängerung des bewaffneten Konflikts:

»Ab einem bestimmen Punkt gerät selbst die berechtige Verteidigung eines Aggressionsopfers wie der Ukraine in ein unerträgliches Missverhältnis zum Leiden und Sterben der Zivilbevölkerung, das mit einer Fortsetzung des Krieges verbunden ist. An diesem Punkt wird selbst die zunächst berechtigte gewaltsame Verteidigung unzulässig: Ihr Preis, die unzähligen geopferten Menschenleben, würde zu hoch.«

(Interview, Philosophie Magazin, 9.5.2022, abrufbar unter https://www.philomag.de/artikel/reinhard-merkel-russland-hat-ein-eigenes-interesse-einem-waffenstillstand; siehe auch FAZ, 4.5.2022, https://www.faz.net/aktuell/feuilleton/debatten/ukraine-krieg-reinhard-merkel-im-interview-ueber-offenen-brief-18005242.html)

Weniger klar wird dieses Argument schon in dem (ersten) offenen Brief an Kanzler Scholz vom 29.4.2022 artikuliert, abrufbar unter https://www.emma.de/artikel/offener-brief-bundeskanzler-scholz-339463. Dagegen richtet sich denn auch der offene Brief vom 4.5.2022, abrufbar unter https://www.zeit.de/2022/19/waffenlieferung-ukraine-offener-brief-olaf-scholz, in dem u. a. für kontinuierliche Waffenlieferungen plädiert wird. Duplik dann in einem (zweiten) offenen Brief von J. Zeh, H. Welzer u. a. Die Zeit, »Waffenstillstand jetzt!«, 22.6.2022, abrufbar unter https://www.zeit.de/2022/27/ukraine-krieg-frieden-waffenstillstand. Der Aufruf einiger SPD-Politiker vom 26.8.2022 (»Die Waffen müssen schweigen!«) argumentiert u. a. auch mit den zunehmenden Opferzahlen und der Zerstörung (»Eine Fortsetzung des Kriegs wird nur noch mehr Tote und Zerstörung zur Folge haben.«), abrufbar unter https://www.jan-dieren.de/post/die-waffen-m%C3%BCssen-schweigen.

9 Dies gilt im Übrigen auch, wenn ein Waffenstillstand oder gar Friedensschluss unter Beteiligung des UN-SR erfolgt, siehe eingehend C. Kreß, Der Ukraine-Krieg und das völkerrechtliche Gewaltverbot, in Juristische Studiengesellschaft [Karlsruhe] Jahresband 2021/2022, 2022, S. 67, 90 ff.

10 US-Präsident Joe Biden spricht von einer »flagrant violation of international law«, doch »freedom will prevail« (https://it.usembassy.gov/biden-condemns-putins-unprovoked-and-unjustified-invasion-of-ukraine/);

Frankreichs Präsident Macron betont die »duty to stand by our values, by international law and thus by Ukraine«. (https://www.reuters.com/world/europe/frances-macron-says-up-ukraine-decide-potential-territorial-concessions-2022-06-16/); Außenministerin Baerbock beschwört die »Verantwortung für die internationale regelbasierte Ordnung«, für »Freiheit, Demokratie und Menschenrechte« (https://www.bundesregierung.de/breg-de/service/bulletin/rede-der-bundesministerin-des-auswaertigen-annalena-baerbock--2068782) und fordert Rechenschaft für Kriegsverbrechen; ebenso Bundeskanzler Scholz (»Die Verantwortlichen für diese Kriegsverbrechen müssen zur Rechenschaft gezogen werden.«, Die Welt, 3.4.2022, https://www.welt.de/politik/deutschland/article237955875/Ukraine-Krieg-Scholz-wirft-Russland-Kriegsverbrechen-vor-und-kuendigt-weitere-Sanktionen-an.html); EU-Kommissionpräsident von der Leyen sieht einen »Krieg gegen unsere Werte« (Rede zur Lage der Union, 14.9.2022, https://ec.europa.eu/commission/presscorner/detail/de/SPEECH_22_5493).

11 Siehe etwa die Aussage des (ehemaligen) deutschen UN-Botschafters Christoph Heusgen: »Deutschland steht für eine regelbasierte Ordnung«, https://www.bundesregierung.de/breg-de/suche/interview-heusgen-1662064. Dabei soll es sich nach Aussage des ehemaligen Staatsminister im Auswärtigen Amt Michael Roth (SPD) – in Abgrenzung zum juristischen Begriff des »Völkerrechts« – um einen politischen Begriff handeln, der »neben den rechtlich verbindlichen Normen des Völkerrechts auch rechtlich nicht bindende Normen, Standards und Verhaltensregeln« (etwa das pünktliche Zahlen von Mitgliedsbeiträgen) umfasst; siehe Antwort auf die Frage des MdB Andrej Hunko (Die Linke) an die Bundesregierung, 7.11.2019, abrufbar unter https://www.andrej-hunko.de/bt/fragen/4736-muendliche-frage-zur-definition-des-begriffs-der-regelbasierten-ordnung-durch-die-bundesregierung.

12 Die Quellen des Völkerrechts ergeben sich aus Artikel 38 der Satzung des Internationalen Gerichtshofs (IGH), auf Deutsch abrufbar unter https://fedlex.data.admin.ch/filestore/fedlex.data.admin.ch/eli/cc/1948/1048_1037_1010/20171122/de/pdf-a/fedlex-data-admin-ch-eli-cc-1948-1048_1037_1010-20171122-de-pdf-a.pdf. Näheres zu den völkerrechtlichen Quellen kann man in völkerrechtlichen Lehrbüchern erfahren, siehe etwa M. Herdegen, Völkerrecht, 21. Aufl. 2022, Kap. III, S. 126 ff.

13 Die am 26.6.1945 in San Francisco gezeichnete UN-Charta ist das Gründungsdokument der Vereinten Nationen, sie ist in den amtlichen UN-Sprachen (Arabisch, Chinesisch, Englisch, Französisch, Russisch, Spanisch) abrufbar unter https://www.un.org/en/about-us/un-charter; für die deutsche Fassung siehe https://unric.org/de/charta/.

14 Art. 2 Abs. 4 UN-Charta lautet:

> »Alle Mitglieder unterlassen in ihren internationalen Beziehungen jede gegen die territoriale Unversehrtheit oder die politische Unabhängigkeit eines Staates gerichtete oder sonst mit den Zielen der Vereinten Nationen unvereinbare Androhung oder Anwendung von Gewalt.«

15 International Court of Justice (ICJ), Case Concerning Armed Activities on the Territory of the Congo (Demcoratic Republic of the Congo v. Uganda), Urteil v. 19.12.2005, I.C.J. Reports 2005, 168, 223, abrufbar unter https://www.icj-cij.org/public/files/case-related/116/116-20051219-JUD-01-00-EN.pdf, para. 148 (»cornerstone of the United Nations Charter«).

16 H. Kelsen, General Theory of Law and State (translated by Anders Wedberg), 1949, S. 331 ff., wo Kelsen nach eingehender Diskussion der Theorie des gerechten Kriegs (*bellum justum*) folgert (S. 340), dass das Völkerrecht nicht mehr als Ordnung begriffen werden könne, wenn Krieg nicht grundsätzlich verboten sei (das Gewaltverbot also nicht grundsätzlich gelte) und nur als Antwort auf ein völkerrechtliches Delikt erlaubt sei:

> »Under these circumstances, general international law could no longer be considered as a legal order. If the unlimited interference in the sphere of another's interest called 'war' is not in principle forbidden ... and if any State is at liberty to resort to war against any other State, then international law fails to protect the sphere of interests of the State subjected to its order; the State have no protected sphere of interests at all, and the condition of affairs created by so-called international law cannot be a legal state.«

17 Vgl. Kreß, o. Anm. 9, S. 70 ff. m. w. N.

Kapitel I
Die begrenzte Unterstützung der westlichen Ukraine-Politik

18 Damit wurde auf die GV-Resolution 377 A(V) vom 3.11.1950 (abrufbar unter https://documents-dds-ny.un.org/doc/RESOLUTION/GEN/NR0/059/75/PDF/NR005975.pdf?OpenElement) Bezug genommen, in der – im Zusammenhang mit dem Korea-Krieg – erstmals die Generalversammlung mit der Frage der Friedenssicherung (»Uniting for Peace«) aufgrund Handlungsunfähigkeit des UN-Sicherheitsrats befasst wurde.

19 GV-Resolution A/RES/ES-11/1, abrufbar unter https://www.securitycouncilreport.org/atf/cf/%7B65BFCF9B-6D27-4E9C-8CD3-CF6E4FF96FF9%7D/a_res_es-11_1.pdf.

20 Im operativen Teil der Resolution wird wörtlich u. a. festgestellt (Herv. im Original):

> »2. *Deplores in the strongest terms* the aggression by the Russian Federation against Ukraine in violation of Article 2 (4) of the Charter;
>
> 3. *Demands* that the Russian Federation immediately cease its use of force against Ukraine and to refrain from any further unlawful threat or use of force against any Member State;
>
> 4. *Also demands* that the Russian Federation immediately, completely and unconditionally withdraw all of its military forces from the territory of Ukraine within its internationally recognized borders;

11. *Condemns* all violations of international humanitarian law and violations and abuses of human rights, and calls upon all parties to respect strictly the relevant provisions ...

12. *Demands* that all parties fully comply with their obligations under international humanitarian law to spare the civilian population, and civilian objects ...«

In Übersetzung durch den Deutschen Übersetzungsdienst der Vereinten Nationen, abrufbar unter https://www.un.org/depts/german/gv-notsondert/a-es11-1.pdf:

»2. *missbilligt auf das Schärfste* die Aggression der Russischen Föderation gegen die Ukraine unter Verstoß gegen Artikel 2 Absatz 4 der Charta;

3. *verlangt*, dass die Russische Föderation ihre Gewaltanwendung gegen die Ukraine sofort einstellt und jede weitere rechtswidrige Androhung oder Anwendung von Gewalt gegen jedweden Mitgliedstaat unterlässt;

4. *verlangt außerdem*, dass die Russische Föderation alle ihre Streitkräfte unverzüglich, vollständig und bedingungslos aus dem Hoheitsgebiet der Ukraine innerhalb ihrer international anerkannten Grenzen abzieht;

11. *verurteilt* alle Verletzungen des humanitären Völkerrechts sowie alle Menschenrechtsverletzungen und -übergriffe und fordert alle Parteien auf, die einschlägigen Bestimmungen des humanitären Völkerrechts ... strikt einzuhalten ...

12. *verlangt*, dass alle Parteien ihren nach dem humanitären Völkerrecht bestehenden Verpflichtungen vollständig nachkommen, die Zivilbevölkerung und zivile Objekte zu schonen ...«

21 Von diesen haben 96 die Resolution schon in ihrem Entstehungsprozess unterstützt (»sponsored«); siehe die Staatenliste zu Beginn der Draft Resolution (94 Staaten) und das spätere »addendum« (2 Staaten), abrufbar unter https://digitallibrary.un.org/record/3959139?ln=en. In der Regel werden die Unterstützerstaaten zu Beginn der Entwurfsfassung einer Resolution aufgeführt und weitere Sponsoren später in einem Anhang, siehe https://ask.un.org/faq/14468.

22 Zwölf Staaten haben – aus unterschiedlichen Gründen (dazu teilweise näher unten) – nicht an der Abstimmung teilgenommen, vgl. zusammenfassend https://web.archive.org/web/20220303094544/https://digitallibrary.un.org/record/3959039 sowie ausführlicher https://en.wikipedia.org/wiki/United_Nations_General_Assembly_Resolution_ES-11/1.

23 GV-Resolution 68/262, 1. April 2014. Die Gesamtzahl der stimmberechtigten Mitglieder betrug (ebenfalls) 193 und 24 Staaten nahmen nicht an der Abstimmung teil.

24 GV-Resolution A/RES/ES-11/3, abrufbar unter https://www.securitycouncilreport.org/atf/cf/%7B65BFCF9B-6D27-4E9C-8CD3-CF6E4FF96FF9%7D/a_res_es-11_3.pdf. Für den Ausschluss stimmten 93 Staaten, 24 dagegen und 58 enthielten sich, vgl. https://news.un.org/en/story/2022/0

4/1115782. Weiter hat die GV am 28.3.2022 eine Resolution (A/RES/ES-11/2) zu den humanitären Folgen der »aggression against Ukraine« verabschiedet, abrufbar unter https://www.securitycouncilreport.org/atf/cf/%7B65BFCF9B-6D27-4E9C-8CD3-CF6E4FF96FF9%7D/a_res_es-11_2.pdf. Schließlich hat die GV am 16.9.2022 mit 101 Stimmen, bei 7 Gegenstimmen und 19 Enthaltungen, Präsident Selenskyj erlaubt, per Videobotschaft an ihrer 77. Sitzung (13.-27.9.2022) teilzunehmen (s. https://www.unmultimedia.org/avlibrary/asset/2933/2933705/).

25 Kritisch auch N. Krisch, Misst der Westen mit zweierlei Maß?, FAZ, 23.3.2022.

26 Der Vertreter Eritreas wies darauf hin, dass alle Formen von Sanktionen kontraproduktiv seien, UN Press Release, General Assembly Overwhelmingly Adopts Resolution Demanding Russian Federation Immediately End Illegal Use of Force in Ukraine, Withdraw All Troops (GA/12407), 2.3.2022, abrufbar unter https://press.un.org/en/2022/ga12407.doc.htm. US-Beobachter erklären die Ablehnung damit, dass Eritrea selbst Adressat von US-Sanktionen gewesen sei, vgl. S. Zakheim, What the UN General Assembly vote on Ukraine tells us, The Hill, 3. April 2022, abrufbar unter https://thehill.com/opinion/national-security/596791-what-the-un-general- Assembly-vote-on-ukraine-tells-us/; für afrikanische Beobachter aber »ist die Absicht ... nicht sehr klar« (»intension behind this vote is not very clear«), siehe The EastAfrican, Eritrea calls for ›bilateral solution‹ of Russia-Ukraine conflict, 29.4.2022, abrufbar unter https://www.theeastafrican.co.ke/tea/rest-of-africa/eritrea-russia-ukraine-conflict-3798550. Jedenfalls hat Eritrea nach der Invasion seine Beziehungen zu Russland weiter vertieft, vgl. ebenda.

27 Äquatorialguinea, Algerien, Angola, Burundi, Kongo, Madagaskar, Mali, Mosambik, Namibia, Senegal, Simbabwe, Südafrika, Südsudan, Sudan, Tansania, Uganda und Zentralafrikanische Republik. Acht weitere afrikanische Staaten nahmen nicht an der Abstimmung teil: Äthiopien, Burkina Faso, Eswatini, Guinea, Guinea-Bissau, Kamerun, Marokko und Togo.

28 Armenien, Bangladesch, China, Indien, Iran, Irak, Kasachstan, Kirgisistan, Laos, Mongolei, Pakistan, Sri Lanka, Tadschikistan und Vietnam. Drei weitere asiatische Staaten (alle ehemaligen Sowjetrepubliken) nahmen nicht an der Abstimmung teil: Aserbaidschan, Turkmenistan, Usbekistan. Für eine positivere Lesart offenbar Zakheim, o. Anm. 26, der hervorhebt, dass sich von den 10 ASEAN-Mitgliedstaaten nur Laos und Vietnam der Stimme enthielten.

29 Bolivien, El Salvador, Kuba, Nicaragua. Venezuela nahm an der Abstimmung nicht teil, weil es wegen ausstehender Beitragszahlungen kein Abstimmungsrecht hatte.

30 Siehe o. Anm. 27-29.

31 Ein gutes Beispiel ist Marokko, dass sich trotz des hierzulande viel beschworenen neuen Kapitels der Beziehungen zu Deutschland anlässlich des Besuchs von Außenministerin Baerbock Ende August nach wie vor

nicht zu einer Verurteilung des russischen Angriffskriegs durchringen kann, vgl. https://www.tagesschau.de/ausland/afrika/baerbock-marokko-105.html.

32 Zunächst müsste man sich insoweit die Erklärungen der Staatenvertreter bei der GV-Abstimmung ansehen, siehe UN Press Release, o. Anm. 26. Diese können sodann durch Stellungnahmen in anderen Foren und Zusammenhängen ergänzt werden.

33 Dies würde auch für Venezuela gelten, doch war es, wie oben erwähnt, nicht stimmberechtigt.

34 Soweit ersichtlich haben Vertreter afrikanischer Staaten diesen Hinweis zwar nicht explizit geäußert, doch wurde er von (Oppositions-)Politikern (siehe z. B. Julius Malema, African support on Ukraine shows Kremlin's soft power, France24, 6.4.2022, abrufbar unter https://www.france24.com/en/live-news/20220406-african-support-on-ukraine-shows-kremlin-s-soft-power) und unabhängigen Analysten abgegeben, siehe bezüglich Südafrika K. Gottschalk, History may explain South Africa's refusal to condemn Russia's invasion of Ukraine, The Conversation, 22.3.2022, abrufbar unter https://theconversation.com/history-may-explain-south-africas-refusal- to-condemn-russias-invasion-of-ukraine-178657; Voice of America, South Africa's Neutral Stance on Russia Risks International Ties: Analysts, 7.3.2022, abrufbar unter https://www.voanews.com/a/south-africa-s-neutral-stance-on-russia-risks-international-ties-analysts/6474077.html; E. Sidiropoulos , How do Global south policies of non-alignment and solidarity Declaration South Africa's position on Ukraine, Brookings – Africa in Focus, 2.8. 2022, abrufbar unter https://www.brookings.edu/blog/africa-in-focus/2022/08/02/how-do-global-south-politics-of-non-alignment-and-solidarity-explain-south-africas-position-on-ukraine/. Vgl. auch Al Jazeera, Stand with Ukraine' is not just a humanitarian statement but a political one, too, 28.3.2022, abrufbar unter https://www.aljazeera.com/opinions/2022/3/23/why-africa-does-not-appear-to-be-standing-with-ukraine); Deutsche Welle, Russia's reengagement with Africa pays off, 26.8.2022, abrufbar unter https://www.dw.com/en/russias-reengagement-with-africa-pays-off/a-61064011.

35 Vgl. R. Gowan, Richard Gowan on Ukraine and How Russia's War Reverberates at the United Nations, Just Security, 20.9.2022, abrufbar unter https://www.justsecurity.org/83121/richard-gowan-on-ukraine-and-how-russias-war-reverberates-at-the-united-nations/ (»... Moscow can play up memories of the colonial era – and Soviet support for anti-colonial movements – quite effectively.«).

36 China sieht Russland als Partner, der seine strategischen und geopolitischen Interessen, z. B. in der Ein-China-Politik gegenüber Taiwan, bedingungslos unterstützt, siehe insoweit das jüngste Treffen des chinesischen Staatschefs Xi mit Präsident Putin am Rande des Gipfels der Shanghaier Organisation für Zusammenarbeit Mitte September 2022, dazu etwa https://www.tagesschau.de/ausland/asien/putin-xi-127.html. Siehe auch u. Anm. 53.

37 Nach Zakheim, o. Anm. 26, habe sich Indien wegen der »longstanding relationship« mit Russland enthalten, die sich insbesondere darin zeige, dass das Land 60 % seiner militärischen Ausrüstung von dort erhalte. Indien lege seit seiner Unabhängigkeit vom Vereinigten Königreich großen Wert auf seine Eigenständigkeit und »will continue to go its own way«. In diesem Sinne auch https://www.tagesschau.de/ausland/asien/indien-krieg-russland-ukraine-101.html. Siehe auch u. Anm. 54.

38 Zu Brasilien sogleich u. Anm. 52 mit Haupttext.

39 Zu Südafrika siehe u. Anm. 55.

40 O. Anm. 20.

41 Überzeugend C. Walter, Der Ukraine-Krieg und das wertebasierte Völkerrecht, JZ 2022, S. 473-481, 476.

42 Ebenso Walter, o. Anm. 41, S. 476.

43 H. Münkler, Gegen politische Romantik. Postheroische Gesellschaften müssen im Krieg vor allem die Nerven bewahren, FAZ, 16.3.2022, S. 9.

44 In diesem Sinne auch Walter, o. Anm. 41, S. 475 f.; Kreß, o. Anm. 9, S. 75 ff. (der zwar auch die Gefahr einer Erosion des Gewaltverbots wegen der russischen Aggression sieht, aber in der GV-Resolution zugleich ein »starkes Zeichen ... gegen die Normverletzung« [S. 79]); F. Lange, Russischer Angriffskrieg in der Ukraine. Verliert das Völkerrecht an Bedeutung?, LTO 3.9.2022, abrufbar unter https://www.lto.de/recht/hintergruende/h/voelkerrecht-krise-russland-ukraine-krieg-un-vereinte-nationen-bedeutung/ (entgegen H. Münkler, K.-H. Ladeur und J. von Bernstorff keinen »Anlass für Abgesänge auf das Völkerrecht« konstatierend).

45 Euphemistisch hingegen die US-Regierung, siehe https://www.whitehouse.gov/briefing-room/statements-releases/2022/06/02/fact-sheet-united-states-takes-further-actions-to-counter-sanctions-evasion-by-russia/ (»turn Russia into a global financial pariah«).

46 Vgl. https://graphics.reuters.com/UKRAINE-CRISIS/SANCTIONS/byvrjenzmve/; siehe etwa auch die Information der deutschen Bundesregierung, https://www.bundesregierung.de/breg-en/news/eu-sanctions-2008438.

47 Vgl. Ukraine Support Tracker, https://www.ifw-kiel.de/topics/war-against-ukraine/ukraine-support-tracker/?cookieLevel=not-set

48 Es ist zu beachten, dass die Grafiken auf dem Ukraine Support Tracker interaktiv sind und man nach unten scrollen kann, um die insgesamt 40 bzw. 41 Länder (einschließlich EU) zu sehen. Die hiesige Darstellung zeigt jeweils nur einen Ausschnitt (den ersten Teil) der jeweiligen Grafik; die senkrechten Linien stehen jeweils für Milliarden Summen in Fünfer-Abständen.

49 Deutsche Welle, Türkische Kampfdrohnen im Ukraine-Krieg, 6.3.2022, abrufbar unter https://www.dw.com/de/t%C3%BCrkische-kampfdrohnen-im-ukraine-krieg/a-61013960.

50 Vgl. https://www.reuters.com/world/europe/turkey-faces-risks-acting-sanctions-safe-haven-russians-2022-03-28/.

51 Vgl. UN News Press Release, UN welcomes new centre to put Ukraine grain export deal in motion, 28.7.2022, abrufbar unter https://news.un.org/en/story/2022/07/1123532.

52 Vgl. jüngst die Rede von Präsident Bolsonaro vor der UN-Generalversammlung, 20.9.2022, abrufbar unter https://www.cnnbrasil.com.br/politica/veja-a-integra-do-discurso-de-jair-bolsonaro-na-assembleia-geral-da-onu/ (»... somos contra o isolamento diplomático e econômico ... não acreditamos que o melhor caminho seja a adoção de sanções unilaterais e seletivas, contrárias ao Direito Internacional.« [»wir sind gegen eine diplomatische und wirtschaftliche Isolierung ... wir glauben nicht, dass die Annahme von unilateralen und selektiven Sanktionen, in Widerspruch zum Völkerrecht, der beste Weg sind«]); vorher schon Business Standard, Bolsonaro rejects sanctions against Russia to secure fertilizer imports, 26.7.2022, abrufbar unter https://www.business-standard.com/article/international/bolsanaro-rejects-sanctions-against-russia-to-secure -fertiliser-imports-122072600110_1.html.

53 Vgl. Ministry of Foreign Affairs of the People's Republic of China, [»Foreign Minister«] Wang Yi Speaks with Canadian Foreign Minister on the Phone«, 6.4.2022, abrufbar unter https://web.archive.org/web/20220407180426/https:/www.fmprc.gov.cn/mfa_eng/wjdt_665385/ wshd_665389/202204/t20220406_10664923.html sowie die dezidiert neutrale Position des chinesischen US-Botschafters im CBS-Interview, abrufbar unter https://www.cbsnews.com/news/qin-gang-chinese-ambassador-face-the-nation- 20.03.2022/.

54 Vgl. Hindustan Times, Indian position on Ukraine conflict based on 6 Principles after Jaishankar, 24.3.2022, abrufbar unter https://www.hindustantimes.com/india-news/indian-position-on-ukraine-conflict-based-on-6-principles-s-jaishankar-101648134853793.html sowie Rede von Außenminister S. Jaishankar vom 15.3.2022, § 23, abrufbar unter https://www.mea.gov.in/Speeches-Statements.htm? dtl/34952#:~:text=Indiens % 20Position %20auf%20die%20Ukraineund%20ende%20auf%20alle %20Feindseligkeiten.

55 Vgl. Parlamentsdebatte, abrufbar unter https://www.parliament.gov.za/news/national-assembly-debates-impact-russia-ukraine-war-south-african -economy sowie Department of International Relations and Cooperation mit Aufruf zu einer friedlichen Lösung am 24.2.2022, abrufbar unter http://www.dirco.gov.za/docs/2022/ukra0224.htm.

56 Siehe Erklärung des Außenministeriums vom 24.2.2022, abrufbar unter https://www .gov.br/mre/pt-br/canais_atendimento/imprensa/notas -a-imprensa/situacao-na-ucrania-2 sowie Erklärung des brasilianischen Vertreters auf der Sitzung des UN-Sicherheitsrats vom 21.6.2022, abrufbar unter https://www .securitycouncilreport.org/atf/cf/%7B65BFCF9B-6D27-4E9C-8CD3-CF6E4FF96FF9%7D/s_pv .9069.pdf , S. 21f. (»... high time ... for ending this conflict«). Siehe auch Rede Bolsonaro, o. Anm. 52 (»Defendemos um cessar-fogo imediato ...« [»Wir verteidigen einen sofortigen Waffenstillstand«]).

57 Mexiko war im Jahre 2022 Nichtständiges Mitglied des SR und stimmte mit klaren Worten dem Resolutionsentwurf zu:

> »... we are confronted with the invasion of one sovereign country by another, which constitutes a flagrant violation of Article 2, paragraph 4, of the Charter of the United Nations and also constitutes an act of aggression under the terms of General Assembly resolution 3314 (XXIX), adopted by all Member States of the United Nations.«

(UN Doc. S/PV.8979 (provisional), 25.2.2022, 5; abrufbar unter https://documents-dds-ny.un.org/doc/UNDOC/GEN/N22/269/25/PDF/N2226925.pdf?OpenElement).

58 Die Hassliebe zwischen den USA und Mexiko zeigt sich in dem populären Spruch »Pobre México, tan lejos de Dios y tan cerca de Estados Unidos« (»Armes Mexiko, so weit entfernt von Gott und so nahe an den USA«), zuletzt vom mexikanischen Präsidenten López Obrador bei seinem ersten Treffen mit US Präsident Biden am 1.3.2021 geäußert, siehe https://www.elsoldemexico.com.mx/mexico/politica/de-quien-es-la-frase-pobre-mexico-tan-lejos-de-dios-y-tan-cerca-de-estados-unidos-que-menciono-amlo-con-joe-biden-reunion-6425167.html.

59 Siehe etwa M. Roitman Rosenmann, La desinformación en la guerra ruso-ucrania, La Jornada, 27.2.2022 (kritisch zur »Desinformationspolitik« der NATO); L. Hernández Navarro, Rusia-Ucrania: la invención de la realidad, La Jornada, 8.3.2022 (kritisch zur ukrainischen Regierung und Informationspolitik).

60 Siehe Canal del Congreso, Instalan en Cámara de Diputados Grupo de amistad México-Rusia, 24.3.2022, https://www.canaldelcongreso.gob.mx/noticias/15164/Instalan_en_Cmara_de_Diputados_Grupo_de_amistad_Mxic-Rusia. Als Antwort darauf hat die oppositionelle Partei PAN (*Partido Acción Nacional*) eine Freundschaftsgruppe Mexiko-Ukraine gegründet und einige ihrer Abgeordneten sind in die Ukraine gereist, siehe Proceso, 26.8.2022, abrufbar unter https://www.proceso.com.mx/nacional/politica/2022/7/14/diputados-de-movimiento-ciudadano-pan-viajan-ucrania-los-tunden-en-redes-sociales-289600.html.

60a Vgl. die Rede von Außenminister Marcelo Ebrard, abrufbar (in spanisch) unter https://mision.sre.gob.mx/onu/index.php/avisos/1937-22-de-septiembre-de-2022-intervencion-del-canciller-marcelo-ebrard-durante-el-debate-general-del-77-periodo-de-sesiones-de-la-asamblea-general. Den »Friedensplan« hatte Präsident López Obrador schon am 16.9.2022 zum 212. Jahrestag der mexikanischen Unabhängigkeit verkündet, vgl. https://lopezobrador.org.mx/2022/09/16/discurso-del-presidente-andres-manuel-lopez-obrador-durante-el-desfile-civico-militar-212-aniversario-de-la-independencia/. Die Ukraine hat den Vorschlag postwendend als »russischen Plan« abgelehnt, vgl. https://www.animalpolitico.com/2022/09/plan-ruso-asesor-ucrania-propuesta-paz-amlo/.

61 Näher zu Begriff, Gegenstand und Geschichte Ambos, Internationales Strafrecht, o. Anm. 3, § 5 Rn. 1 ff. und § 6.

62 Die individuelle Verantwortlichkeit wurde schon vom Nürnberger Internationalen Militärgerichtshof (IMG) mit folgendem berühmten Zitat anerkannt:

> »Verbrechen gegen das Völkerrecht werden von Menschen und nicht von abstrakten Wesen begangen, und nur durch die Bestrafung jener Einzelpersonen, die solche Verbrechen begehen, kann den Bestimmungen des Völkerrechts Geltung verschafft werden.«

(IMG, Prozeß gegen die Hauptkriegsverbrecher, Band 1, 1947, S. 249). Vgl. näher K. Ambos, Der Allgemeine Teil des Völkerstrafrechts, 2002, S. 84 ff.

63 Vgl. Art. 5-8*bis* IStGH-Statut, schon o. Anm. 3 mit weiteren Nachweisen.

64 Vgl. die detaillierte Website des Gerichts samt Anklagebehörde unter https://www.icc-cpi.int/ sowie Ambos, Internationales Strafrecht, o. Anm. 3, § 6 Rn. 22 ff.

65 Vgl. früher Ambos, Ukraine-Krieg und internationale Strafjustiz, DRiZ 2022, S. 170; ders., Von Butscha nach Den Haag, Welt am Sonntag, 10.4.2022, 27; siehe auch S. Bock, Potentiale und Grenzen. Das Völkerstrafrecht im Ukrainekrieg, Osteuropa 72 (2022) S. 87.

66 Vgl. jüngst A. Hartig, Ein Aggressionstribunal für die Ukraine?, DRiZ 2022, S. 368; O. Hathaway, The Case fo Creating an International Tribunal to Prosecutor the Crime of Aggression agains Ukraine, Just Security, 20.9.2022, m. w. N., abrufbar unter https://www.justsecurity.org/83117/the-case-for-creating-an-international-tribunal-to-prosecute-the-crime-of-aggression-against-ukraine/.

67 Die Zuständigkeit des GBA für Völkerstraftaten ergibt sich aus § 142 Abs. 1 i. V. m. § 120 Abs. 1 Nr. 8 GVG; zu seiner Tätigkeit insoweit siehe https://www.generalbundesanwalt.de/DE/Unsere_Aufgaben/Voelkerstrafrecht/Voelkerstrafrecht-node.html;jsessionid=93CE76E08A0999489FEA0A553DF156C7.intranet231.

68 Vgl. etwa https://rsw.beck.de/aktuell/daily/meldung/detail/generalbundesanwalt-ermittlungen-zur-ukraine-koennen-jahre-dauern.

69 Zu den IStGH-Vertragsparteien siehe https://asp.icc-cpi.int/states-parties.

70 Neun aus Afrika (Kongo, Madagaskar, Mali, Namibia, Senegal, Südafrika, Tansania, Uganda, Zentralafrikanische Republik), zwei aus Asien (Bangladesch, Tadschikistan) und zwei aus Amerika (Bolivien, El Salvador). Burundi ist mit Wirkung vom 27.10.2017 aus dem IStGH-Statut ausgetreten.

71 In vergleichbarer Weise hat die Schweiz im Januar 2013 versucht, den UN-Sicherheitsrat durch ein von 56 Staaten unterstütztes Schreiben zur Überweisung der Syrien-Situation an den IStGH zu bewegen, vgl. Letter of the Permanent Mission of Switzerland to the UN to the President of the Security Council, New York, 14.1.2013, abrufbar unter: http://www.news.admin.ch/NSBSubscriber/message/attachments/29293.pdf.

72 Folgende europäische Staaten beteiligten sich an der Staatenüberweisung: Albanien, Belgien, Bulgarien, Deutschland, Frankreich, Georgien,

Griechenland, Italien, Irland, Island, Kroatien, Lettland, Liechtenstein, Litauen, Luxembourg, Malta, Montenegro, Nordmazedonien, Norwegen, Niederlande, Österreich, Polen, Portugal, Rumänien, Slovakei, Slovenien, Spanien, Schweden, Schweiz, Ungarn, Vereinigtes Königreich und Nordirland, Zypern.

73 Für die Gesamtliste der Staaten siehe ICC Investigation ongoing about Ukraine, opened 2 March 2022, abrufbar unter https://www.icc-cpi.int/ukraine.

74 Siehe https://www.gov.uk/government/news/joint-statement-eu-us-and-uk-establish-atrocity-crimes-advisory-group-aca-for-ukraine.

75 Japan hat überraschenderweise nicht teilgenommen, siehe die Liste der Teilnehmer hier: https://www.government.nl/ministries/ministry-of-foreign-affairs/documents/publications/2022/07/13/participants-ukraine-accountability -Konferenz-2022.

76 Vgl. https://www.government.nl/ministries/ministry-of-foreign-affairs/documents/diplomatic-statements/2022/07/14/political-declaration-of-the-ministerial-ukraine-accountability-conference.

76a Siehe die Erklärung auf der Website der Regierung des Vereinigten Königreichs: https://www.gov.uk/government/news/ukraine-joint-statement-on-ukraines-application-against-russia-before-the-international-court-of-justice. Immerhin wird die Erklärung von einigen osteuropäischen Nicht-EU Mitgliedsstaaten (Albanien, Bosnien-Herzegowina, Georgien und Montenegro) sowie von den Marshallinseln und Mikronesien unterstützt.

77 Zu den 193 UN-Mitgliedstaaten (https://www.un.org/en/about-us/member-states) kommen weitere völkerrechtliche Entitäten, deren Staatsqualität mehr oder weniger umstritten ist (überblicksartig https://crp-infotec.de/uno-mitgliedstaaten-alphabetisch/) und die (deshalb) keine UN-Mitgliedstaaten sind. Eine Mitgliedschaft setzt eine Empfehlung des UN-Sicherheitsrats voraus und wird von der GV beschlossen (Art. 4 UN-Charta), so dass letztlich die ständigen Sicherheitsratsmitglieder (China, Frankreich, Russland, USA, Vereinigtes Königreich) die Mitgliedschaft durch ihr Veto (Art. 27 Abs. 3 UN-Charta) verhindern können. Besonders bekannt sind insoweit Kosovo (u. a. nicht von Russland anerkannt), Palästina (seit 29.11.2012 Beobachterstatus, vgl. GV-Resolution 67/19, https://documents-dds-ny.un.org/doc/UNDOC/GEN/N12/479/74/PDF/N1247974.pdf?OpenElement), Taiwan (Volksrepublik China als einzig rechtmäßiger Vertreter des chinesischen Volkes seit GV-Resolution 2758 v. 2.10.1971, https://digitallibrary.un.org/record/192054) und der Heilige Stuhl/Vatikan (ebenfalls Beobachterstatus, dazu M. Kalbusch, Der Beobachterstatus des Heiligen Stuhls – historisches Relikt oder zukunftsweisendes Modell, Vereinte Nationen 2012, S. 159).

78 Siehe auch D. Adler, The west v Russia: why the global south isn't taking Sides, The Guardian, 28.3. 2022, abrufbar unter https://www.theguardian.com/commentisfree/2022/mar/10/russia-ukraine- west-global-south-sanctions-war:

»But the map of sanctions suggests that the true rift is not between left and right, nor even between east and west. On the contrary, the map reveals a rift between north and south, between the nations that we call developed and those we call developing. And by revealing this tectonic shift, the map can tell us something important about geopolitics in the coming age of multipolarity.«

In ähnlicher Weise H. Neuber, Sanktionen gegen Russland: Wie der Globale Süden ausschert, 4.5.2022, abrufbar unter https://www.heise.de/tp/features/Sanktionen-gegen-Russland-Wie-der-Globale-Sueden-ausschert-7074581.html?seite=all.

79 New York, 13.–27.9.2022, vgl. https://sdg.iisd.org/events/77th-session-of-the-un-general-assembly-unga-77/.

80 Gowan, o. Anm. 35 (»A lot of African, Asian and Latin American countries were initially willing to deplore Russia's offensive, but have not wanted to endanger their security and economic relationships with Moscow by doing so repeatedly.«)

Kapitel II
Der widersprüchliche Umgang des Westens mit dem Völker(straf)recht

81 Vgl. M.W. Mutua, What is TWAIL?, 94 Proceedings of the ASIL Annual Meeting (2000), S. 31 abrufbar unter https://digitalcommons.law.buffalo.edu/articles/560 (»regime of international law is illegitmate ... predatory system that legitimizes, reproduces and sustains the plunder and subordination of the Third World by the West«); jüngst T.S. Reinold, The ICC, the Global South, and the Project of Global Constitutionalism, https://iccforum.com/legal-traditions#Reinold, S. 2 (»international law as a fig leaf for the pursuit of particularistic hegemonic interests«).

82 Mutua, o. Anm. 81, 31:

»TWAIL ... stretches back to the decolonization movement ... TWAIL is a response to decolonialization and the end of direct European colonial rule over non-Europeans. It basically describes a response to a condition, and is both reactive and proactive. It is reactive in the sense that it responds to international law as an imperial project. But it is proactive because it seeks the internal transformation of conditions in the Third World.

TWAIL is driven by three basic, interrelated and purposeful objectives. The first is to understand, deconstruct, and unpack the uses of international law as a medium for the creation and perpetuation of a racialized hierarchy of international norms and institutions that subordinate non-Europeans to Europeans. Second, it seeks to construct and present an alternative normative legal edifice for international governance. Finally, TWAIL seeks through scholarship, policy, and politics to eradicate the conditions of underdevelopment in the Third World.«

83 Vgl. etwa F. von Holtzendorff, in ders., Hrsg., Handbuch des Völkerrechts. Auf Grundlage europäischer Staatspraxis, Zweiter Band: Die völkerrechtliche Verfassung und Grundordnung der auswärtigen Staatsbeziehungen, 1887, S. 255 ff. (Erwerb »herrenloser« Gebiete, d. h. Kolonien, durch friedliche (sic!) »Occupation«); siehe auch ebd., S. 98 ff. (wo das Konzept der »Halbsouveränetät« insbesondere auf »überseeische Gebiete« [Afrika] angewendet wird, um deren souveräne Beherrschung, vor allem mittels »Schutzvertrag«, durch die Kolonialmächte zu rechtfertigen).

84 Vgl. etwa V. Azarian, La »misión civilisatrice« de la France et la construction d'une »altérité nègre«, Discussions 1 (2008), abrufbar unter https://perspectivia.net/receive/ploneimport_mods_00000555; L. Obregón, Completing Civilization: Creole Consciousness and International Law in Nineteenth-Century Latin America, in A. Orford, Hrsg., International Law and its Others, 2006, S. 247.

85 J. P. Scarfi, The Hidden History of International Law in the Americas: Empire and Legal Networks, 2017. Zur wirtschaftlichen Interessendurchsetzung und Souveränitätsverletzung des Westens (einschließlich Russlands!) in Ostasien (insbesondere China) im 19. Jh. siehe S. Krasner, Organized hypocrisy in nineteenth-century East Asia, in International Relations of the Asia-Pacific 1 (2001), S. 173 (179 ff.).

86 Vgl. Krisch, o. Anm. 25 (»Europa und die USA hatten sich in der hegemonialen Völkerrechtsordnung, die nach dem Kalten Krieg entstand, gut eingerichtet – es war eine Ordnung, die wenige Grenzen kannte und die westlichen Vorstellungen weitgehend entgegenkam.«).

87 H. Slim, Solferino 21. Warfare, Civilians and Humanitarian in the Twenty-First Century, 2022, S. 157 ff. (157 f.).

88 Vgl. (insbesondere zum Gewaltverbot) Krisch, o. Anm. 25.

89 Siehe insoweit auch Krisch, o. Anm. 25; Walter, o. Anm. 41, S. 475. Man kann in diesem Zusammenhang auch mit Krasner, o. Anm. 85, von „organised hypocrisy" sprechen, er beschränkt das Konzept aber nicht auf den Westen und bezieht sich auf einen bestimmten historischen Zeitraum (19. Jh.) in einer bestimmten Region (Ostasien).

90 Die Literatur dazu ist unüberschaubar, siehe etwa zur Anwendung des humanitären Völkerrechts auf das koloniale Unrecht T. Fabricius, Aufarbeitung von in Kolonialkriegen begangenem Unrecht, Berlin: Duncker & Humblot, 2017.

91 Sie »spricht zu uns« bis heute, wie es der große Völkerrechtler Martti Koskenniemi erst kürzlich in seinem letzten opus magnum ausgedrückt hat: To the Uttermost Parts of the Earth, 2021, S. 13 (»past injustices and tragedies do ... speak to us today«).

92 Siehe z. B. zur Debatte um die Rückgabe gestohlener Kunstwerke, die normalerweise in europäischen Museen ausgestellt werden, The Guardian, ›We want our riches back‹ – the African activist Taking Treasures from Europe's Museums, 7.2.2021, abrufbar unter https://www.theguardian.com/artanddesign/2021/feb/07/mwariches-african-activist-stealing-

europes-museums; The Washington Post, US museums are trying to return hundreds of looted Benin treasures, 12.5.2022, abrufbar unter https://www.washingtonpost.com/arts-entertainment/2022/05/11/benin-treasures-museum-Rückkehr/; J. Kushner, In Germany, a new museum stirs up a colonial controvery, National Geographic, 16.12.2020, abrufbar unter https://www.nationalgeographic.com/history/article/germany-humboldt-forum-stirs-colonial-Kontroverse; für einen interdisziplinären Ansatz siehe L. Förster, S. Fründt , D. Preuß, K. Schramm, H. Stoecker und A. Winkelmann, A Good Starting Point? Critical Perspectives from Various Disciplines, Research Paper, abrufbar unter https://hsozkult.geschichte.hu-berlin.de/index.asp?id=3955&view=pdf&pn=forum&type=diskussionen.

93 So der Sozialwissenschaftler Felwine Sarr im Gespräch über die Benin-Bronzen, FAZ, 25.7.2022, S. 11.

94 Siehe bereits o. Anm. 34 mit Haupttext.

95 Siehe für *Lateinamerika* etwa das kürzlich veröffentlichte Buch von Carlos Patiño, Professor der bedeutenden kolumbianischen Universidad Nacional, Guerra en Ucrania, 2022, S. 14 (»¿es una guerra legítima por parte de Rusia, o es un crimen de agresión contra un Estado soberano independiente?« [»Handelt es sich um einen legitimen Krieg Russlands oder um ein Verbrechen der Aggression gegen einen unabhängigen souveränen Staat?«], der allerdings selbst Russland für den Aggressor hält (ebd., S. 15 f.: »guerra clásica imperialista« [»klassischer imperialer Krieg«], »agresión«, sogar »genocidio«). Oder den schon o. Anm. 59 zitierten Beitrag von M. Roitman Rosenmann in der regierungsnahen mexikanischen Zeitung La Jornada, in dem der Westen der zynischen Ausnutzung der Ukraine zur Verfolgung geopolitischer und -strategischer Ziele bezichtigt wird:

> »Ucrania ha sido utilizada por Occidente para sus espurios intereses: alterar la balanza de poder en la región. Lo que está en juego sobrepasa a Ucrania y destapa la farsa de Occidente: el coste en vidas humanas es irrelevante, son rusos y ucranios ... Los países occidentales y Estados Unidos han dejado que Ucrania se desangre. Han financiado grupos neofascistas, han patrocinado un golpe de Estado en 2014, han incumplido acuerdos de dotar de autonomía a las regiones rusoparlantes, han masacrado a su población.« [»Die Ukraine wurde vom Westen für seine fadenscheinigen Interessen benutzt: um das Machtgleichgewicht in der Region zu verändern. Was auf dem Spiel steht, geht über die Ukraine hinaus und entlarvt die Farce des Westens: Der Preis an Menschenleben ist irrelevant, es sind Russen und Ukrainer ... Westliche Länder und die USA haben die Ukraine verbluten lassen. Sie haben neofaschistische Gruppen finanziert, sie haben einen Putsch im Jahr 2014 gesponsert, sie haben Vereinbarungen gebrochen, den russischsprachigen Regionen Autonomie zu gewähren, sie haben ihre Bevölkerung massakriert.«

Aus *afrikanischer* Sicht siehe etwa die Stellungnahme des südafrikanischen Präsidenten Ramaphosa, der die NATO aufgrund der Osterweiterung für den Krieg (mit)verantwortlich macht, South Africa's Ramaphosa blames NATO for Russia's war in Ukraine, Reuters, 18.3.2022, abrufbar unter https://www.reuters.com/world/africa/safricas-ramaphosa-blames-nato-russias-war-ukraine-2022-03-17/.

96 Vgl. die offizielle »Bucharest Summit Declaration« vom 3.4.2008 (abrufbar unter https://www.nato.int/cps/en/natolive/official_texts_8443.htm), in der vereinbart (»agreed«) wurde, dass die Ukraine und Georgien NATO Mitglieder werden (para. 23). Dazu etwa auch Der Spiegel, Gipfel in Bukarest: Nato verspricht Georgien und Ukraine Aufnahme in ferner Zukunft – Russland wütend, 3.4.2008, abrufbar unter https://www.spiegel.de/politik/ausland/gipfel-in-bukarest-nato-verspricht-georgien-und-ukraine-aufnahme-in-ferner-zukunft-russland-wuetend-a-545145.html.

97 Vgl. einerseits J. Mearsheimer, Economist, 19.3.2022 (der in der »reckless expansion of NATO« eine Provokation Russlands sieht, die – im Sinne der von ihm begründeten Denkschule des »offensive realism« – hauptursächlich für den aktuellen Krieg ist), anderseits A. Roberts, Economist, 23.3.2022 (der dies für »simplistic and wrong« hält, weil »more important factors were at play«).

98 *Memorandum on Security Assurances in connection with Ukraine's accession to the Treaty on the Non-Proliferation of Nuclear Weapons*, 5.12.1994, abgeschlossen zwischen Russland, Ukraine, USA und dem Vereinigten Königreich, abrufbar unter https://treaties.un.org/Pages/showDetails.aspx?objid=0800000280401fbb, insbesondere Ziffer 1 (»... respect the Independence and Sovereignty and the existing borders of Ukraine ...«) und 2 (»... refrain from the threat or use of force against the territorial integrity or political independence of Ukraine ...«). Vgl. in diesem Zusammenhang auch den *ukrainisch-russischen Freundschaftsvertrag* vom 31.5.1997 (in Kraft getreten am 1.4.1999, abrufbar unter https://treaties.un.org/Pages/showDetails.aspx?objid=08000002803e6fae&clang=_en), in dem sich die Vertragsparteien als „equal and sovereign States" anerkennen (Art. 1). Aufgrund der wiederholten russischen Verletzungen des Gewaltverbots hat die Ukraine sich Ende 2018 mit Wirkung zum 31.3.2019 gegen eine Verlängerung des Vertrags (s. Art. 40) ausgesprochen.

99 Carl Schmitt war einer der bedeutendsten deutschen Verfassungsjuristen (vgl. J. Meierhenrich/O. Simons, Hrsg., The Oxford Handbook of Carl Schmitt, 2017), aber auch berüchtigt wegen seiner Propagierung des NS-Führerstaats und -prinzips, siehe etwa Nationalsozialismus und Rechtsstaat, Juristische Wochenschrift 1934, S. 713, 716 (»Wir bestimmen also nicht den Nationalsozialismus von einem ihm vorgehenden Begriff des Rechtsstaates, sondern umgekehrt den Rechtsstaat vom Nationalsozialismus her«); zu Schmitt als Völkerrechtler siehe B. Faßbender, Carl Schmitt, in: Faßbender/Peters, Hrsg., The Oxford Handbook of the History of International Law, 2012, S. 1173.

100 C. Schmitt, Völkerrechtliche Großraumordnung mit Interventionsverbot für raumfremde Mächte. Ein Beitrag zum Reichsbegriff im Völker-

recht, 4. Auflage, 1941, passim (wonach zwischen denen die internationale Ordnung beherrschenden Großräumen ein Interventionsverbot bestehe, innerhalb dieser Großräume die jeweils zuständige Großmacht aber – zur Erhaltung der Ordnung – nach Gutdünken intervenieren kann). Nach G. Koenen, Russland gründlich entzaubert, Osteuropa 72 2022, S. 19, 25, werde Schmitt in »Putins Reich heute wie nirgends sonst in der Welt« studiert.

101 Vgl. A. Skordas, Russia's Eurasian Großraum and its Consequences, Verfassungsblog 31.3.2022, abrufbar unter https://verfassungsblog.de/russias-eurasian-groraum-and-its-consequences/.

102 Vgl. auch Aufruf SPD Politiker, o. Anm. 8 (»globale Sicherheitsarchitektur auf Basis des Rechts und nicht auf der Basis militärischer Stärke.«)

103 Erinnern wir uns etwa an die denkwürdige (und unkluge) Aussage des ehemaligen (demokratischen) Präsidenten Barack Obama: »Russia is a regional power showing weakness over Ukraine«, The Guardian, 25.3.2014, abrufbar unter https://www.theguardian.com/world/2014/mar/25/barack-obama-russia-regional-power-ukraine-weakness.

104 Siehe insoweit etwa zu postkolonialen (belgischen) Entschuldigungen (im Zusammenhang mit der Rückgabe eines Goldzahns des ermordeten antikolonialen Führers Patrice Lumumba) aus völkerrechtlicher Sicht B. Gonçalves, Belgium's return of Lumumba's tooth: A new moment for anti-colonial struggles? EJIL: Talk!, 17.8.2022, abrufbar unter: https://www.ejiltalk.org/belgiums-return-of-lumumbas-tooth-a-new-moment-for-anti-colonial-struggles/.

105 Vgl. zu Genese und Bedeutung des Konzepts instruktiv Werle/Vormbaum, Transitional Justice. Vergangenheitsbewältigung durch Recht, 2018, S. 3 ff.; spezifisch im kolonialen Zusammenhang siehe B. Rolstan und F. Ni Aoláin, »Colonialism, Redress and Transitional Justice: Ireland and Beyond«, State Crime Journal 7 (2018), S. 329 (insbesondere die Anerkennung vergangenen Unrechts betonend).

106 Siehe Art. 2 Abs. 4, o. Anm. 14. Bei einer (qualifizierten) Verletzung des Gewaltverbots kommt eine Strafbarkeit nach dem Verbrechen der Aggression (Art. 8*bis* IStGH-Statut) in Betracht. Zu den drei Facetten des völkerrechtlichen Aggressionsbegriffs instruktiv Kreß, o. Anm. 9, S. 72 f.

107 Die Liste älterer Verletzungen des Völkerrechts ist zu lang, um hier rekapituliert zu werden. Besonders schwerwiegend sind natürlich die Verletzungen des humanitären Völkerrechts, samt Kriegsverbrechen, im Vietnam Krieg (zum My-Lai-Prozess vgl. insoweit schon Ambos, Der Allgemeine Teil, o. Anm. 62, S. 229 ff.); doch auch die zahlreichen, von den USA insbesondere in Lateinamerika unterstützten Putsche verdienen Erwähnung (zu Guatemala 1954 siehe insoweit das universitäre »America Accountability Project«, https://web.archive.org/web/20051030122336/http://www.nsulaw.nova.edu/iachr/background.cfm; zu Chile 1973 siehe etwas FAZ, Vereinigte Staaten förderten Pinochet-Putsch, 14.11.2000, abrufbar unter https://www.faz.net/aktuell/politik/geheimdienst-dokumente-vereinigte-staaten-foerderten-pinochet-putsch-112220.html).

108 So hat insbesondere Frankreich als ständiges Mitglied des Sicherheitsrates mit seinem charismatischen (damaligen) Außenminister Dominique de Villepin massive Einwände gegen eine Ermächtigung durch den UN-Sicherheitsrat erhoben (siehe The Guardian, Security Council debates Iraq Issue, 14.2.2003, abrufbar unter https://www.theguardian.com/world/2003/feb/14/iraq.unitednations3); auch Deutschland widersetzte sich seinerzeit mit dem inzwischen in Ungnade gefallenen damaligen Bundeskanzler Gerhard Schröder der Invasion (Deutsche Welle, Schröder Rejects War that Will Kill Thousands in Iraq, 19.3.2003, abrufbar unter https://www.dw.com/en/schr%C3%B6der-rejects-war-that-will-kill-thousands-in-iraq/a-811719.

109 Vgl. Ambos/Arnold, Der Irak-Krieg und das Völkerrecht, 2003.

110 Das *ius in bello* ist das im bewaffneten Konflikt geltende (humanitäre) Völkerrecht. Es ist im sogenannten Haager und Genfer Recht geregelt und damit weitgehend kodifiziert, wird aber auch von völkergewohnheitsrechtlichen Grundsätzen geprägt. Das – schon ab Ende des 19. Jh. kodifizierte – Haager Recht betrifft die zulässigen Mittel und Methoden der Kriegsführung, das Genfer Recht beschäftigt sich vorrangig mit dem Schutz von Konfliktopfern, vgl. Ambos, Internationales Strafrecht, o. Anm. 3, § 6 Rn. 6. Dabei ist zu beachten, dass eine Verletzung des *ius ad bellum* nicht von den *ius-in-bello*-Verpflichtungen entbindet. In unserem Zusammenhang insoweit eindeutig A. Paulus, Spiegel Interview, 27.8.2022, S. 32 (»... letzte Bastion der Humanität. Man schiebt die Frage der Kriegsschuld ganz weit weg ... und stellt bestimmte Mindestregeln zu humanitären Zwecken auf.«).

111 Die Menschenrechte sind heute in zahlreichen allgemeinen Abkommen geregelt, auf universeller Ebene in den UN-Zivil- und Sozialpakten (IPbpR und IPwskR, beide 1966) und auf regionaler Ebene in der EMRK (1950), AMRK (1969) und der Afrikanischen Menschenrechtscharta (1981); daneben existieren zahlreiche spezielle Abkommen, etwa die UN-Antifolterkonvention (1984). Diese Rechte finden grundsätzlich in Friedenszeiten Anwendung, also außerhalb eines bewaffneten Konflikts. Der IGH hat allerdings im Jahre 1996 anerkannt (ICJ, Legality of the Threat or Use of Force of Nuclear Weapons, Advisory Opinion, 8.7.1996, para. 25), dass Menschenrechte im bewaffneten Konflikt zumindest subsidiär bzw. ergänzend Anwendung finden, vgl. näher T.R. Salomon, Die Anwendung von Menschenrechten im bewaffneten Konflikt, Archiv des Völkerrechts 2015, S. 322 sowie Ambos, Treatise on International Criminal Law. Volume II: The Crimes and Sentencing, 2. Aufl. 2022, S. 162f. (m.w.N. zur Rspr.).

112 Siehe die Erklärung von US-Präsident Biden unter https://www.whitehouse.gov/briefing-room/speeches-remarks/2022/08/01/remarks-by-president-biden-on-a-successful-counterterrorism-operation-in-Afghanistan/: Bezüglich einer möglichen unmittelbaren Bedrohung durch den (71 Jahre alten!) Zawahari verwies Biden nur etwas ungenau auf die Koordinierung der »al-Qaida's branches«, »setting priorities«, »operational guidance« und jüngste Videos, »calling for his followers to attack ...«.

Unabhängige Experten schätzen jedoch das tatsächliche Bedrohungspotenzial von Zawahari und/oder al-Qaida als gering(er) ein; siehe z. B. M. Kaim von der Stiftung Wissenschaft und Politik unter https://www.tagesschau.de/ausland/asien/al-kaida-al-sawahiri-101.html oder R. Chesney, On the Legality of the Strike That Killed Ayman Al-Zawahiri, Lawfare Blog, 3.8.2022, abrufbar unter https://www.lawfareblog.com/legality-strike-killed-ayman-al-zawahiri. Selbst wenn man der Einschätzung von Präsident Biden folgen würde, rechtfertigt sie kaum eine präventive Tötung, um eine *unmittelbare* (!) Bedrohung der USA abzuwenden.

113 Zum sogenannten extraterritorialen »Überschwappen« (»spill over«) eines bewaffneten Konflikts und zum völlig fehlenden »territorial nexus« bei einem weltweiten, territorial völlig losgelösten »Krieg gegen den Terror« siehe Ambos, Treatise II, o. Anm. 111, S. 160 f. m. w. N.

114 Vgl. K. Ambos und J. Alkatout, Der Gerichtigkeit einen Dienst erwiesen? Zur völkerrechtlichen Zulässigkeit der Tötung Osama bin Ladens, Juristenzeitung (JZ) 2011, S. 758; ausführlicher dies., Has ›Justice Been Done‹: The Legality of Bin Laden's Killing Unter International Law, Israeli Law Review 45 (2012), S. 341, beide m. w. N.; jüngst in Bezug auf die Tötung des Iraners Qassem Soleimani vgl. Ambos, Die Tötung Soleimanis als Belastungsprobe für das Völkerrecht, FAZ Einspruch 8.1.2020, abrufbar unter https://www.faz.net/einspruch/die-toetung-soleimanis-als-belastungsprobe-fuer-das-voelkerrecht-16571225.html sowie zu US-Drohnentötungen in Afghanistan ders., Once Again: Drone Killings OpinioJuris , 6.9.2021, abrufbar unter http://opiniojuris.org/2021/09/06/once-again-drone-killings -and-international-law/. US-Juristen vertreten mitunter regierungsnähere Positionen, siehe z. B. Chesney, o. Anm. 112, der aber auch Zweifel äußert (»... difficult questions, as the grounds for asserting the ongoing relevance of the law of armed conflict continue to attenuate ... legal questions surrounding those strikes will become ever more complicated.«).

115 Vgl. E. Schweiger, ›Targeted killing‹ and the lack of acquiescence, LJIL 32 (2019), S. 741 (wonach sich aus dem Schweigen zur Praxis gezielter Tötungen im Rahmen entsprechender Diskussionen im UN-Sicherheitsrat und UN-Menschenrechtsrat kein »tacit consent« und sich auch aus völkergewohnheitsrechtlicher Sicht aus dem Schweigen keine Rechtsposition ableiten lasse).

116 »Ich freue mich, dass es gelungen ist, Osama Bin Laden zu töten«, A. Merkel, 5.5.2011, abrufbar unter https://www.youtube.com/watch?v=ff-ewCeJOmM. Zur späteren Distanzierung bzw. Relativierung siehe etwa Spiegel Online, Merkel bemüht sich um Schadensbegrenzung, 4.5.2011, abrufbar unter https://www.spiegel.de/politik/deutschland/freude-ueber-bin-ladens-tod-merkel-mueht-sich-um-schadensbegrenzung-a-760662.html. oder Zeit Online, Merkel wehrt Kritik an Bin-Laden-Äußerung ab, 4.5. 2011, abrufbar unter https://www.zeit.de/politik/deutschland/2011-05/bin-laden-merkel-koalition-streit?utm_referrer=https%3A%2F%2Fwww.google.com%2F.

117 Nach § 140 Abs. 1 StGB (»Befürwortung von Straftaten«) wird mit Freiheitsstrafe bis zu drei Jahren oder mit Geldstrafe bestraft, »[W]er eine Tat [hier: des Mordes] ... in einer Weise, die geeignet ist, den öffentlichen Frieden zu stören, (...) öffentlich billigt ...« Es geht hier um eine in § 126 Abs. 1 StGB (auf den § 140 Abs. 1 Bezug nimmt) genannte Tat, und zwar einen Mord (Nr. 3). Die Störung des öffentlichen Friedens wurde schon in weniger schwerwiegenden Fällen angenommen, etwa bei dem berühmten »Göttinger Mescalero«, der seiner »klammheimlichen Freude« über die damalige Ermordung des Generalbundesanwalts Buback Ausdruck verlieh; kritisch schon früher (im Zusammenhang mit dem NSU-Prozess) T. Fischer, Das Mord-Trio, Die Zeit, 14.7.2015, S. 4, abrufbar unter https://www.zeit.de/gesellschaft/zeitgeschehen/2015-07/nsu-prozess-moerderbande-strafrecht-fischer-im-recht/seite-4; für eine Strafbarkeit gemäß § 140 StGB T. Fischer, Einstweilige Hinrichtung, Spiegel 5.8.2022, abrufbar unter https://www.spiegel.de/kultur/usa-toeten-al-qaida-anfuehrer-aiman-al-sawahiri-wieso-gibt-es-keine-kritik-kolumne-a-2301d6fa-9e23-4866-977e-c3037453e9c5.

118 In dem zwischen der Trump-Regierung und den Taliban abgeschlossenen Abkommen vom 29.2.2020 verpflichten sich diese zu »prevent the use of the soil of Afghanistan by any group or individual against the security of the United States and its allies« unter ausdrücklicher Bezugnahme auf Al Qaeda, siehe S. 1 und Part Two des Abkommens, abrufbar unter https://www.state.gov/wp-content/uploads/2020/02/Agreement-For-Bringing-Peace-to-Afghanistan-02.29.20.pdf.

119 »Wir akzeptieren nicht, wenn das internationale Recht gebrochen wird (...)«, https://www.dw.com/de/annalena-baerbock-wir-akzeptieren-nicht-dass-internationales-recht-gebrochen-wird/av-62688265.

120 »Es ist gut, dass Ihr Land seiner Verantwortung für die internationale regelbasierte Ordnung gerecht wird. (...) Freiheit, Demokratie und Menschenrechte stehen unter Beschuss. Deshalb müssen wir standhaft sein. Und darum geht es bei unserer Führungspartnerschaft.« (Rede von A. Baerbock an der New School, New York, 3.8.2022, abrufbar unter https://www.bundesregierung.de/breg-de/service/bulletin/rede-der-bundesministerin-des-auswaertigen-annalena-baerbock--2068782).

121 Es handelt sich um einen Standardfall der deutschen juristischen Ausbildung, um den Unterschied zwischen Täterschaft und Teilnahme zu erklären. Der BGH hat den KGB Agenten Staschynski im Jahre 1962 wegen Beihilfe (!) zum Mord verurteilt, weil er damals noch der sogenannten (extrem) subjektiven Tätertheorie gefolgt ist (Urteil vom 19.10.1962,- 9 StE 4/62, abgedruckt in BGHSt 18, 87); heute wäre er eindeutig (unmittelbarer) Täter, zum Ganzen U. Murmann, Grundkurs Strafrecht, 7. Aufl. 2022, § 27 Rn. S. 3 ff. (6).

122 Das Kammergericht Berlin hat den russischen Staatsbürger Wadim Krassikow wegen der vom russischen Geheimdienst angeordneten Tötung des georgischen Staatsbürgers Zelimkhan Khangoshvili am 15.12.2021 zu lebenslanger Freiheitsstrafe verurteilt, KG Berlin, Urteil

vom 15.12.2021 – (2) 3 StE 2/20-1 (2/20), abrufbar unter https://openjur.de/u/2389013.html.

123 Ganz zutreffend C. Rath, Staatlicher Mord, Legal Tribune Online (LTO) 2.8.2022, abrufbar unter https://www.lto.de/recht/hintergruende/h/usa-drohnen-staatlicher-mord-al-qaida-aiman-al-sawahiri-bin-laden-afghanistan-voelkerrecht/?utm_source=Eloqua&utm_content=WKDE_LEG_NSL_LTO_Daily_EM&utm_campaign=wkde_leg_mp_lto_daily_ab13.05.2019&utm_econtactid=CWOLT000017863381&utm_medium=&utm_crmid sowie Fischer, »Einstweilige Hinrichtung«, o. Anm. 117.

124 Fischer, »Einstweilige Hinrichtung«, o. Anm. 117.

125 Vgl. Rede J. Fischer auf dem Außerordentlichen Parteitag (»Kosovo-Sonderparteitag«) in Bielefeld, 13.5.1999, abrufbar unter https://www.youtube.com/watch?v=7jsKCOTM4Ms.

126 Siehe etwa C. Verenkotte, Kosovo-Krieg vor 20 Jahren. Der Tag, an dem die NATO eingriff, DLF Kultur, 21.3.2019, abrufbar unter https://www.deutschlandfunkkultur.de/kosovo-krieg-vor-20-jahren-der-tag-an-dem-die-nato-eingriff-100.html.

127 Es handelte sich um die Kanadierin Louis Arbour, die u.a. später auch UN-Hochkommissarin für Menschenrechte wurde.

128 S. ICTY, Final Report to the Prosecutor by the Committee Established to Review the NATO Bombing Campaign Against the Federal Republic of Yugoslavia, abrufbar unter https://www.icty.org/en/press/final-report-prosecutor-committee-established-review-nato-bombing-campaign-against-federal, siehe insbesondere para. 90: Trotz

> »approximately 495 civilians killed and 820 civilians wounded ... there is simply no evidence of the necessary crime base for charges of genocide or crimes against humanity. Further, in the particular incidents reviewed by the committee with particular care ... the committee has not assessed any particular incidents as justifying the commencement of an investigation by the OTP. NATO has admitted that mistakes did occur during the bombing campaign; errors of judgment may also have occurred. Selection of certain objectives for attack may be subject to legal debate. On the basis of the information reviewed, however, the committee is of the opinion that neither an in-depth investigation related to the bombing campaign as a whole nor investigations related to specific incidents are justified. In all cases, either the law is not sufficiently clear or investigations are unlikely to result in the acquisition of sufficient evidence to substantiate charges against high level accused or against lower accused for particularly heinous offences.«

129 O. Anm. 14.

130 O. Anm. 7.

131 Das überwiegende völkerrechtliche Schrifttum lehnt dies wohl ab, vgl. N. Rodley, Humanitarian Intervention, in M. Weller, Hrsg., The Oxford Handbook of the Use of Force in International Law, 2015, S. 775, 793ff.; differenzierter C. Kreß, Major Post-Westphalian Shifts and Some Important Neo-Westphalian Hesitations in the State Practice on the Inter-

national Law on the Use of Force, Journal on the Use of Force and International Law 1 (2014), S. 11, 52 ff. (unilaterales Recht zur humanitären Intervention in der dunklen Grauzone – »dark grey« – des Gewaltverbots, also Zulässigkeit zwar nicht unvertretbar, aber auch nicht leichtfertig vertretbar); differenziert auch M. Milanovic, Illegal but Legitimate?, EJIL: Talk! 10.4.2017, abrufbar unter https://www.ejiltalk.org/illegal-but-legitimate/ (der zwischen »illegal« and »legitimate« unterscheidet und bezüglich Serbien/Kosovo 1999 einen »arguable interventionist case« auszumachen glaubt, obwohl er sich während der NATO-Bombardierung Belgrads dort – in »my city« – aufhielt).

132 Vgl. Rede V. Putin vom 21.2.2022, abrufbar unter http://en.kremlin.ru/events/president/news/67828 (»... horror and genocide, which almost 4 million people are facing ...«) sowie Rede vom 24.2.2022, abrufbar unter https://zeitschrift-osteuropa.de/blog/vladimir-putin-ansprache-am-fruehen-morgen-des-24.2.2022/ (»... Genozid an Millionen Menschen, die dort leben und deren einzige Hoffnung Russland ist ...«). Weitere Nachweise in ICJ, Allegations of Genocide under the Convention on the Prevention and Punishment of Genocide (Ukraine v. Russian Federation), Order v. 16.3.2022, para. 36 ff., abrufbar unter https://www.icj-cij.org/public/files/case-related/182/182-20220316-ORD-01-00-EN.pdf.
Für eine kritische Analyse der beiden Reden siehe A. Nußberger, Tabubruch mit Ansage. Putins Krieg und das Recht, Osteuropa 72 (2022), S. 51 ff.

133 Ebenso Tomuschat, o. Anm. 3, S. 38 f. (»lügenhafte Hirngespinste« der russischen Propaganda).

134 Kreß, o. Anm. 9, S. 75.

135 Ambos/Aboueldahab, 20 Jahre Internationaler Strafgerichtshof – eine kritische Bilanz, DRiZ 2022, S. 316.

136 Das Vorverfahren am IStGH wird von der Anklagebehörde (Office of the Prosecutor, OTP) geleitet und besteht aus zwei Phasen, der sogenannten Voruntersuchung (preliminary examination) und den eigentlichen, formalen Ermittlungen (investigation), vgl. Ambos, Internationales Strafrecht, o. Anm. 3, § 8 Rn. 18 ff.

137 Der Komplementaritätsgrundsatz (Art. 17 IStGH-Statut) regelt das Verhältnis zwischen der nationalen Strafjustiz und dem IStGH. Der Grundgedanke ist, dass der IStGH nur »komplementär« (ergänzend) tätig wird, wenn die nationale Strafjustiz nicht willens oder in der Lage ist, Ermittlungen und ggf. ein Strafverfahren durchzuführen. Ist dies aber der Fall, ist ein Verfahren vor dem IStGH unzulässig; näher Ambos, Internationales Strafrecht, o. Anm.3, § 8 Rn. 10 ff.

138 Vgl. den ausführlichen Abschlussbericht der Anklagebehörde, abrufbar unter https://www.icc-cpi.int/sites/default/files/itemsDocuments/201209-otp-final-report-iraq-uk-eng.pdf , wo schlussfolgernd festgestellt wird (Ziff. 12): »... the Office does not ultimately conclude that the UK authorities have been unwilling genuinely to carry out relevant investigative inquiries and/or prosecutions (article 17(1)(a)) or that decisions not to

prosecute in specific cases resulted from unwillingness genuinely to prosecute (article 17(1)(b)).«

139 Vgl. BBC, Iraq war: Abuse claims against soldiers close with no prosecutions, 19.10. 2021, https://www.bbc.com/news/uk-58975089.

140 Vgl. Art. 15 Abs. 3 IStGH-Statut: »Gelangt der Ankläger zu dem Schluss, dass eine hinreichende Grundlage für die Aufnahme von Ermittlungen besteht, so legt er der Vorverfahrenskammer einen Antrag auf Genehmigung von Ermittlungen zusammen mit den gesammelten Unterlagen zu seiner Begründung vor ...«

141 ICC-Pre-Trial Chamber (PTC) II, Decision pursuant to Article 15 of the Rome Statute on the Authorisation of an Investigation into the Situation in the Islamic Republic of Afghanistan (ICC-02/17-33), 12.4.2019, abrufbar unter https://www.icc-cpi.int/sites/default/files/CourtRecords/CR2019_02068.PDF.

142 ICC-Appeals Chamber, Judgment on the appeal against the decision on the authorisation of an investigation into the situation in the Islamic Republic of Afghanistan, *Situation in the Islamic Republic of Afghanistan* (ICC-02/17-138), Appeals Chamber, 5.3.2020, abrufbar unter https://www.icc-cpi.int/court-record/icc-02/17-138).

143 Vgl. insoweit Art. 18 Ab. 2 S. 2 IStGH-Statut: »Auf Ersuchen des betreffenden Staates stellt der Ankläger die Ermittlungen gegen diese Personen zugunsten der Ermittlungen des Staates zurück, es sei denn, die Vorverfahrenskammer beschließt auf *Antrag des Anklägers*, diesen zu den Ermittlungen zu ermächtigen.« (Herv. K. A.).

144 Vgl. Erklärung des Anklägers des IStGH zur Wiederaufnahme der (förmlichen) Ermittlungen in Afghanistan, abrufbar unter https://www.icc-cpi.int/news/statement-prosecutor-international-criminal-court-karim-khan-qc-following-application (»focus my Office's investigations ... on crimes allegedly committed by the Taliban and the Islamic State – Khorasan Province (›IS-K‹) and to deprioritise other aspects of this investigation«).

145 Während sich die Anklagebehörde und die Berufungskammer (Urteil, o. Anm. 142) nur auf mutmaßliche US-Verbrechen beziehen, weist eine aktuelle BBC-Untersuchung auf Tötungen von Häftlingen und unbewaffneten Männern durch britische Spezialeinheiten hin, BBC, SAS unit repeatedly killed Afghan detainees, BBC finds, 12.7.2022, abrufbar unter https://www.bbc.com/news/uk-62083196; siehe insoweit auf den Aufruf zur Strafverfolgung durch Amnesty International, Immediate Investigation needed on allegations of War Crimes by UK Special Forces, 12.7.2022, abrufbar unter https://www.amnesty.org/en/latest/news/2022/07/afghanistan-immediate-investigation-needed-on-allegations-of-war-crimes-by-uk-special-forces/.

146 Kritisch Deutsche Welle, Afghanistan: Why has the ICC Excluded the US from War Crimes Investigation, 30.9.2021, abrufbar unter https://www.dw.com/en/afghanistan-why-has-the-icc-excluded-the -us-from-war-crimes-probe/a-59367096; A. Z. Borda, The Situation in Afghanistan,

US Sanctions and the Historical Narratives Emerging from the ICC, EJIL: Talk!, 24.6.2022, abrufbar unter https://www.ejiltalk.org/the-situation-in-afghanistan-us-sanctions-and-the-historical-narratives-emerging-from-the -icc/; A. Speri, How the US derailed an effort to prosecute its crimes in Afghanistan, The Intercept, 5.10.2021, abrufbar unter https://theintercept.com/2021/10/05/afghanistan-icc-war-crimes/.

147 Vgl. C. Kreß, An Unusual and Extraordinary Assault on International Justice (Editorial), JICJ 18 (2020), S. 791f.; Human Rights Watch/E. Evenson, Donald Trump's Attack on the ICC Shows His Contempt for The International Rule of Law, 6.7.2020, abrufbar unter https://www.hrw.org/news/2020/07/06/donald -trumps-attack-icc-shows-his-contempt-global-rule-law. Zur möglichen (strafrechtlich relevanten) Missachtung des Gerichts durch die Trump-Administration siehe U. Yasar Aysev, Can the International Criminal Court Hold the Trump Administration in Contempt?, Just Security, 30.7.2020, abrufbar unter https://www.justsecurity.org/71498 /can-the-international-criminal-court-hold-the-trump-administration-in-contempt/.

148 Vgl. The Guardian, US imposes sanctions on top international criminal court officials, 2.9.2020, abrufbar unter https://www.theguardian.com/law/2020/sep/02/us-sanctions-international-criminal-court-fatou-bensouda; Die Zeit, USA verhängen Sanktionen gegen Chefanklägerin, 2.9.2020, abrufbar unter https://www.zeit.de/politik/ausland/2020-09/internationaler-strafgerichtshof-den-haag-usa-sanktionen-fatou-bensouda-kriegsverbrechen; siehe auch Amnesty International, Trump administration attempts to thwart ICC, 15.3.2022 abrufbar unter https://www.amnestyusa.org/press-releases/trump-administration-attempts-to-thwart-international-criminal-court-investigators/.

149 Siehe etwa »Pompeo on ICC: U.S. won't be threatend by ‚kangaroo court'«, abrufbar unter https://www.youtube.com/watch?v=m9vkU404ecs ; »Pompeo signals impending action against ICC for investigating alleged US war crimes«, Politico, 1.6.2020, abrufbar unter https://www.politico.com/news/2020/06/01/mike-pompeo-icc-investigating-us-war-crimes-293673.

150 Dazu früher schon (aus völkerstrafrechtlicher Sicht) W. Kaleck, Mit zweierlei Maß: Der Westen und das Völkerstrafrecht, 2021; jüngst Reinold, o. Anm. 81, S. 6.

151 Die Biden-Regierung hat die früheren Sanktionen allerdings aufgehoben, siehe »Biden lifts sanctions on ICC officials«, Politico 4.2.2021, abrufbar unter https://www.politico.com/news/2021/04/02/icc-sanctions-reversed-biden-478731

152 Ambos, o. Anm. 2.

153 Diese Form der (polizeilich-justiziellen) Zusammenarbeit ist sowohl auf der Ebene des Europarats (Art. 20 Zweites Zusatzprotokoll von 2001 zum Europäischen Übereinkommen zur Rechtshilfe in Strafsachen von 1959, abrufbar unter https://rm.coe.int/CoERMPublicCommonSearchServices/DisplayDCTMContent?documentId=0900001680081571) als

auch auf EU-Ebene (Artikel 13 EU-Rechtshilfeübereinkommen von 2000, abrufbar unter https://eur-lex.europa.eu/LexUriServ/LexUriServ.do?uri=OJ:C:2000:197:0001:0023:DE:PDF), geregelt. Da die Ukraine (noch) kein EU-Mitgliedstaat ist, kommt hier Artikel 20 ZP II 2001 als Rechtsgrundlage in Betracht. Danach können »die zuständigen Behörden von zwei oder mehr Vertragsparteien eine gemeinsame Ermittlungsgruppe zur Durchführung strafrechtlicher Ermittlungen in einem oder mehreren der an der Gruppe beteiligten Vertragsparteien bilden«, und zwar insbesondere »zur Aufdeckung von Straftaten durchführen, die infolge des zugrunde liegenden Sachverhalts ein koordiniertes und abgestimmtes Vorgehen in den Hoheitsgebieten der beteiligten Vertragsparteien erforderlich machen«. Jede Vertragspartei kann um die Bildung einer solchen Ermittlungsgruppe ersuchen und diese wird dann im Hoheitsgebiet derjenigen Vertragspartei gebildet, in dem »die Ermittlungen durchgeführt werden sollen«.

154 Siehe https://www.eurojust.europa.eu/news/eurojust-supports-joint-investigation-team-alleged-core-international-crimes-ukraine sowie https://www.eurojust.europa.eu/news/estonia-latvia-and-slovakia-become-members-joint-investigation-team-alleged-core-international.

155 Siehe dazu die ausführliche Analyse auf Basis von Primärquellen von S. Masol, Ukraine and the International Criminal Court: Between Realpolitik and Post-truth Politics, JICJ 20 (2022), S. 167.

156 Siehe den bei Ambos, Ukrainian Prosecution, o. Anm. 2, zitierten Auszug:

> »This section applies exclusively to cooperation with the International Criminal Court, in order to extend its jurisdiction to persons (citizens of Ukraine, foreign nationals and stateless persons) who at the time of the commission of the crime falling under the jurisdiction of the International Criminal Court were subject to and/or acted with the aim of carrying out armed aggression against Ukraine, and/or on the basis of decisions (orders, directives, etc.) of officials, military command, or public authorities of the Russian Federation or another State that carried out aggression or facilitated its implementation against Ukraine.«

Übersetzung aus dem Russischen von Gleb Bogush, Originalfassung in Kraft getreten am 20.5.2022 und abrufbar unter https://zakon.rada.gov.ua/laws/show/2236-20#Text.

157 Siehe https://www.eurojust.europa.eu/news/icc-participates-joint-investigation-team-supported-eurojust-alleged-core-international-crimes.

158 Vgl. Statement of ICC Prosecutor, Karim A. A. Khan QC: Office of the Prosecutor joins national authorities in Joint Team on crimes against migrants in Libya, 7.9.2022, abrufbar unter https://www.icc-cpi.int/news/statement-icc-prosecutor-karim-aa-khan-qc-office-prosecutor-joins-national-authorities-joint-0 (»… formal member of the Joint Team …«).

159 O. Anm. 4 ff. mit Haupttext.

160 AI, o. Anm. 4.

161 Selenskyj kritisierte den AI-Bericht, weil er »Opfer und Angreifer gewissermaßen auf eine Stufe« stelle (FAZ, 5.8.2022, abrufbar unter https://www.faz.net/aktuell/politik/ausland/auf-opfer-verlagert-selenskyj-kritisiert-amnesty-bericht-scharf-18225065.html), aber genau das verlangt das humanitäre Völkerrecht (*ius in bello*).

162 Oben Anm 110 m. w. N. und mit Haupttext.

163 Siehe allgemein zur afrikanischen Position The East African, Why African Union is Calling for Peace Talks to End Russia-Ukraine War, 1.6.2022, abrufbar unter https://www.theeastafrican.co.ke/tea/news/east-africa/african-union-on-russia-ukraine-3834574; E. Obadare, Analyzing the Russia-Ukraine Conflict from an African Standpoint, Blog des Council on Foreign Relations, 3.3.2022, abrufbar unter https://www.cfr.org/blog/analyzing-russia-ukraine-conflict-african-Standpunkt; AfricaNews, Will AU give support to Ukraine after Zelensky's second request to address African leaders?, 29.4.2022, abrufbar unter https://www.africanews.com/2022/04/29/will-au-give-support-an-die-ukraine-nach-zelenskys-zweiter-anfrage-an-die-afrikanischen-führer/; The Guardian, Cold war echoes as African leaders resist criticizing Putin's war, 28.3.2022, abrufbar unter https://www.theguardian.com/world/2022/mar/28/cold-war-echoes-african-leaders-resist-criticising-putins-war-ukraine; The Africa Report, How (not) to persuade Africa to support Ukraine and denounce Russia, 25.4.2022, abrufbar unter https://www.theafricareport.com/197109/how-not-to-persuade-africa-to-support-ukraine-and-denounce-russia/.

164 Auf einer allgemeineren (völker-/menschenrechtlichen) Ebene führt der westliche Ukraine-Fokus auch zur Vernachlässigung anderer wichtiger Menschenrechtskrisen, siehe etwa zur Situation in Venezuela die entsprechende Untersuchungen im Auftrag des UN-Menschenrechtsrats, abrufbar unter https://www.ohchr.org/en/hr-bodies/hrc/ffmv/index oder zu Afghanistan: N.A. Andisha und H.A. Formulia, From Talk to Action: Addressing the Appalling Women's Rights Crisis in Afghanistan, Just Security, 14.7.2022, abrufbar unter https://www.justsecurity.org/82322/from-talk-to-action-addressing-the-appalling-womens-rights-crisis-in-afghanistan.

165 Siehe die jüngste Debatte im ICC Forum der University of California at Los Angeles (UCLA), in der die »under representation of non-Western laws, principles, rules, procedures, practices, or traditions« im Recht des IStGH diskutiert wird, abrufbar unter https://iccforum.com/legal-traditions.

166 Siehe zuletzt zu Darfur/Sudan Khans Bericht an den UN-Sicherheitsrat von dort, abrufbar unter http://www.icc-cpi.int/news/statement-icc-prosecutor-karim-aa-khan-qc-united-nations-security-council-situation-darfur-0.

167 Siehe die Erklärung von Chefankläger Khan vom 28.2.2022, abrufbar unter: https://www.icc-cpi.int/news/statement-icc-prosecutor-karim-aa-khan-qc-situation-ukraine-i-have-decided-proceed-opening (»I will be cal-

ling for additional budgetary support, for voluntary contributions to support *all our situations*, and for the loan of gratis personnel.« [Herv. K. A.]).

167a Bundesministerium für Wirtschaft und Klimaschutz, Staatssekretär U. Philipp, Antwort auf Fragen von MdB S. Dagdelen, 20.9.2022 (im Archiv des Verf.). Danach wurden zwischen 8.12.2021 und 13.9.2022 Einzelausfuhrgenehmigungen zugunsten von Ägypten, Bahrain, Jordanien, Katar, Kuwait, Oman, Sudan und den Vereinigten Arabischen Emiraten erteilt. Sammelausfuhrgenehmigungen sind davon nicht erfasst.

168 Der Text des MoU vom 28.6.2022 ist abrufbar unter https://www.nato.int/nato_static_fl2014/assets/pdf/2022/6/pdf/220628-trilat-memo.pdf.

169 Siehe z. B. MoU,o. Anm. 168, Ziffer 5 (Ausweitung der Ermittlungen etc. auf »alle anderen terroristischen Organisationen und ihre Ausläufer sowie Aktivitäten von Einzelpersonen in angeschlossenen und inspirierten Gruppen oder Netzwerken, die mit diesen terroristischen Organisationen in Verbindung stehen«) [»... all other terrorist organizations and their extensions, as well as activities by individuals in affiliated and inspired groups or networks linked to these terrorist organizations«]); in ähnlicher Weise Ziffer 8 Nr. 4 oder Ziffer 6 (unter Bezugnahme auf »strengere« [»tougher«] Terrorismusgesetzgebung).

170 MoU, o. Anm. 168, Ziffer 4 (Erwähnung der YPG/PYD und FETÖ, wobei sich Erstere auf eine kurdische bewaffnete Gruppe und politische Partei in Syrien und Letztere auf die Gülen-Bewegung bezieht); kritisch A. M. Pelliconi, The Trilateral Agreement between Turkey, Finland and Sweden and the Silence of Human Rights, EJIL:Talk!, 6.7. 2022, abrufbar unter https://www.ejiltalk.org/the-trilateral-agreement-between-turkey-finland-and-sweden-and-the-silence-of-human-rights-the-neede-to-apply-the-mou-in-light-of-human-rights-and-refugee-law-protections/.

171 MoU, o. Anm. 168, Ziffer 8 mit u. a. drittem Unterabsatz bezugnehmend auf »anhängige Abschiebungs- oder Auslieferungsersuchen von Terrorverdächtigen« (»pending deportation or extradition requests of terror suspects«).

172 Vgl. N. Vamos, Extradition for Accession: Turkey require extradition of 33 persons in return for Accepting Sweden and Finland's accession to NATO, 6. Juli 2022 (zu einem ersten darauf beruhenden türkischen Ersuchen), abrufbar unter https://extraditionuk.petersandpeters.com /2022/07/extradition-for-accession-turkey-forderungen-extradition-of-33-individuals-in-return-for-accepting-sweden-and-finlands-accession-to-nato/ .

173 Vgl. zu diesem und den spezielleren EU-Übereinkommen Ambos, Internationales Strafrecht, o. Anm. 3, § 12 Rn. 17 ff.

174 MoU, o. Anm. 168, Ziffer 8 Nr. 3.

175 Der entsprechende Artikel 3 EuAlÜbk lautet in den relevanten Teilen:

> »(1) Die Auslieferung wird nicht bewilligt, wenn die strafbare Handlung, derentwegen sie begehrt wird, vom ersuchten Staat als eine politische oder als eine mit einer solchen zusammenhängende strafbare Handlung angesehen wird.

(2) Das gleiche gilt, wenn der ersuchte Staat ernstliche Gründe hat anzunehmen, daß das Auslieferungsersuchen wegen einer nach gemeinem Recht strafbaren Handlung gestellt worden ist, um eine Person aus rassischen, religiösen, nationalen oder auf politischen Anschauungen beruhenden Erwägungen zu verfolgen oder zu bestrafen, oder daß die verfolgte Person der Gefahr einer Erschwerung ihrer Lage aus einem dieser Gründe ausgesetzt wäre.«

176 Dazu Ambos, Internationales Strafrecht, o. Anm. 3, § 12 Rn. 34 ff.

177 Convention Relating to the Status of Refugees, 28.7.1951, abrufbar samt Zusatzprotokoll von 1967 und UN GV Resolution 2198 (XXI) unter https://www.unhcr.org/3b66c2aa10; amtliche deutsche Fassung in BGBl. II 1953 S. 559.

178 Siehe Art. 33 Abs. 1 Flüchtlingskonvention:

»Keiner der vertragschließenden Staaten wird einen Flüchtling auf irgendeine Weise über die Grenzen von Gebieten ausweisen oder zurückweisen, in denen sein Leben oder seine Freiheit wegen seiner Rasse, Religion, Staatsangehörigkeit, seiner Zugehörigkeit zu einer bestimmten sozialen Gruppe oder wegen seiner politischen Überzeugung bedroht sein würde.«

179 Siehe insoweit auch MoU, o. Anm. 168, Ziffer 8 Nr. 5 (Verpflichtung, »Desinformation zu bekämpfen … einschließlich durch Aktivitäten, die zu Gewalt gegen Türkei aufstacheln« [»… fight disinformation … including through activities that incite violence against Türkiye«]); kritisch Pelliconi, o. Anm. 170.

180 Siehe insoweit MoU, o. Anm. 168, Ziffer 7 und 8 Nr. 6 (unbegrenzter Waffenexport in die Türkei) sowie Ziffer 8 Nr. 7 (türkische Einbindung in die Gemeinsame Sicherheits- und Verteidigungspolitik der EU, einschließlich des PESCO-Projekts zur militärischen Mobilität).

181 Pelliconi, o. Anm. 170 (»fails to send a clear message that human rights will be prioritised over political and military agendas«).

182 Vgl. Regel 39 (vorläufige Maßnahmen) der EGMR-Verfahrensordnung, idF vom 3. Juni 2022 https://www.echr.coe.int/Documents/Rules_Court_ENG.pdf; deutsche Übersetzung des BMJ abrufbar hier http://www.egmr.org/emrk/verfo_2014_bmj.pdf.

183 Art. 8 EMRK ist in diesen Fällen relevant, weil mit der Abschiebung in der Regel eine bestehende Familie getrennt wird.

184 *N. S. K. versus United Kingdom*, Application Nr. 28774/22, Entscheidung vom 14. Juni 2022; vgl. Pressemitteilung, abrufbar unter https://hudoc.echr.coe.int/eng-press?i=003-7359967-10054452. Als Folge dieser Entscheidung wurde an diesem Tag kein Asylbewerber nach Ruanda abgeschoben und der entsprechende Flug annulliert, vgl. Blackstone Chambers, European Court of Human Rights grants interim measures preventing removal of asylum seeker to Rwanda pending determination of judicial review of Rwanda removal policy, 15.6.2022, abrufbar unter https://www.blackstonechambers.com/news/european-court-of-human-rights-grants-interim-measures-preventing-removal-of-asylum-seeker-to

-rwanda-pending-determination-of-judicial-review-of-rwanda-removal-policy/.

185 Die konservativen Tories haben schon im Wahlkampf 2015 ein solches Gesetz angekündigt, nicht zuletzt ausgelöst durch die Entscheidung des EGMR im Fall *Hirst*, in dem der Gerichtshof die britische Praxis des Entzugs des Wahlrechts für Strafgefangene als mit Art. 3 ZP I EMRK (Recht auf freie Wahlen) für unvereinbar erklärt hat, vgl. EGMR (Große Kammer), Hirst versus Vereinigtes Königreich, Urteil vom 6.10.2005, para. 60 f., 82; zum Ganzen Ambos, Internationales Strafrecht, o. Anm. 3, § 10 Rn. 3 m. w. N.

186 Abrufbar unter https://bills.parliament.uk/bills/3227.

187 Die gründlichste Analyse stammt von Mark Elliott abrufbar unter https://publiclawforeveryone.com/2022/06/22/the-uks-new-bill-of-rights/; siehe auch M. Milanovic, The Sad and Cynical Spectacle of the Draft British Bill of Rights, EJIL:Talk! 23.6.2022, abrufbar unter https://www.ejiltalk.org/the-sad-and-cynical-spectacle-of-the-draft-british-bill-of-rights/; A. Volou, When National Laws and Human Rights Standards Are at Odds, Verfassungsblog, 13.7.2022, abrufbar unter https://verfassungsblog.de/at-odds/; G. Gentile, The Bill of Rights Bill and the damage of UK's unilateralism, Verfassungsblog, 19.7.2022, abrufbar unter https://verfassungsblog.de/uk-unilateralism/. Der Deutschlandfunk hat sogar eine Hintergrundsendung produziert, abrufbar unter https://www.deutschlandfunk.de/europaeischer-gerichtshof-fuer-menschenrechte-grossbritannien-100.html.

188 Dabei ist zu beachten, dass das fragliche Verhalten auch im Inland erfolgen kann (»within the British Islands«), wenn es »ausschließlich Zwecken ausländischer Militäroperationen« (»wholly for the purposes of overseas military operations«) dient und »zum Zeitpunkt der Handlung ... die Person ... außerhalb der Britische Inseln ist« (»at the time the act ... is done the person is ... outside the British Islands«, Klausel 14 Abs. 1). Kritisch Milanovic, o. Anm. 187.

189 Wie sich schon aus der vorherigen Anmerkung ergibt, ist die Klausel kompliziert. Sie schließt möglicherweise auch innerstaatliche Rechtsstreitigkeiten gegen das Vereinigte Königreich durch geschädigte britische Soldaten aus, so jedenfalls Milanovic, o. Anm. 187. Während sich dies meines Erachtens nicht eindeutig aus dem Wortlaut von Klausel 14 Abs. 1 und 2 ergibt, kann es wohl in die Bestimmung hineingelesen werden, denn eine Haftungsklage geschädigter Soldaten gegen den britischen Staat würde normalerweise eine Beschwerde über das Verhalten ihrer Befehlshaber oder jeder anderen »öffentlichen Behörde« (»public authority«) im Sinne der Bestimmung voraussetzen.

190 *Al-Skeini and Others versus United Kingdom*, Application Nr. 55721/07, Urteil vom 7.7.2011 (Große Kammer), para. 130 ff. (unter Bezugnahme auf und in Fortschreibung früherer Rechtsprechung feststellend, dass das Vereinigte Königreich gegen seine Verpflichtung gemäß Artikel 2 EMRK verstoßen habe, eine angemessene und wirksame Untersuchung

der Tötung irakischer Zivilisten durch britische Streitkräfte durchzuführen); *Hassan v. United Kingdom,* Application Nr. 29750/09, Urteil vom 16.9.2014 (Bestätigung der [extraterritorialen] Zuständigkeit, aber Ablehnung einer Verletzung von Art. 5 EMRK wegen Sicherheitshaft [»security detention«] durch britische Streitkräfte im Irak); *Georgia versus Russia (II),* Application Nr. 38263/08, Urteil vom 21.1.2021, para. 126, 137, 144 (keine russische Verurteilung mangels effektiver Kontrolle während der »aktiven Phase der Feindseligkeiten« [»active phase of hostilities]); siehe zur Problematik der »security detention« die grundlegende Analyse unter Einbeziehung britischer Rechtsprechung (High Court of Justice, *Serdar Mohammed v. Ministry of Defense (MOD),* Urteil vom 2.5.2014) von M. Lippold, Between Humanization and Humanitarization? Detention in Armed Conflicts and the European Convention on Human Rights, *ZäöRV* 76 (2016), S. 53.

191 Vgl. Milanovic, o. Anm. 187 (»domestic judicial immunity«).

192 Ähnlich Gentile, o. Anm. 187 (»The country with the longest history of protection of fundamental rights and the rule of law would deprive itself of guarantees introduced in the aftermath of the Second World War to ensure that the events of that tragic conflict would not occur again in Europe.«).

193 Vgl. Milanovic, o. Anm. 187.

194 Im Dezember 2015 hat Russland seinem Verfassungsgericht Vorrang vor dem EGMR eingeräumt, vgl. N. Chaeva, The Russian Constitutional Court and its Actual Control over the ECtHR Judgement in Anchugov and Gladkov, EJIL:Talk!, 26.4.2016, abrufbar unter https://www.ejiltalk.org/the-russian-constitutional-court-and-its-actual-control-over-the-ecthr-judgement-in-anchugov-and-gladko/; siehe auch Ambos, Internationales Strafrecht, o. Anm. 3, § 10 Rn. 3.

195 Russland ist am 16.3.2022, einen Tag *nach* seiner Austrittsmitteilung, vom Ministerkomitee aus dem Europarat ausgeschlossen worden. Mit dem Ausschluss war gleichzeitig ein Austritt aus der EMRK verbunden, der aber erst sechs Monate später, also am 16. September 2022, wirksam wurde; vgl. Europarat Pressemitteilung, »Russische Föderation ab 16. September 2022 keine Vertragspartei der Europäischen Menschenrechtskonvention mehr«, 23.3.2022, abrufbar unter https://www.coe.int/de/web/portal/-/russia-ceases-to-be-a-party-to-the-european-convention-of-human-rights-on-16-september-2022 und J. Jahn, The Council of Europe Excludes Russia: A Setback for Human Rights, EJIL:Talk! 23.3.2022, abrufbar unter https://www.ejiltalk.org/the-council-of-europe-excludes-russia-a-setback-for-human-rights/. Für eine kritische Einschätzung der über 20-jährigen russischen Mitgliedschaft siehe A. Nußberger, Russland und der Europarat – den einen fehlte der Wille, den anderen der Mut, FAZ Einspruch, 15.9.2022, abrufbar unter https://www.faz.net/einspruch/verhaeltnis-europarat-russland-egmr-menschenrechte-18318720.html (schlussfolgernd, dass Russland »der gute Wille« fehlte und dem

Europarat »der Mut, Vertragsbrüche ernst zu nehmen und nicht wegzulächeln«).

196 Ganz zutreffend CNN, Opinion: Don't be fooled by Boris Johnson's backing of Ukraine, 1.7.2022, abrufbar unter https://edition.cnn.com/2022/06/30/opinions/boris-johnson-ukraine-eu-brexit-kiley/index.html:

> »A British Prime Minister's threat to leave the ECHR, a court the British helped set up to establish a pan-European legal system to prevent atrocities in Europe in the wake of the Second World War, must seem bizarre to Ukrainians.«

Kapitel III
Schlussfolgerungen: Größere westliche Konsistenz im Völker(straf)recht

197 In diesem Sinne auch Krisch, o. Anm. 25 (»weniger relevant, ob ... Rechtsverstöße ... weniger schwerwiegend ... solche subtileren Unterschiede ... schwer zu vermitteln.«)

198 Johannes Evangelium 8:7, zit. nach der Einheitsübersetzung, Katholisches Bibelwerk, 2020, S. 1235.

199 Zur Bedeutung dieses Grundsatzes im Völkerstrafrecht siehe K. Ambos, Treatise on International Criminal Law. Volume I: Foundations and General Part, 2. Aufl. 2021, S. 513 f.; für eine neuere, tiefere Analyse siehe Borelli, LJIL 32 (2019), S. 315 (wonach die Berufung auf den Grundsatz als »defence« zwar »legally void« sei, das »underlying argument« jedoch nicht außer Acht gelassen werden sollte).

200 In gleichem Sinne in unserem Zusammenhang Nußberger, o. Anm. 132, S. 58.

201 Ein Hauptgrund für den wachsenden gewalttätigen Extremismus in Afrika ist das mangelnde Vertrauen der überwiegend jungen Bevölkerung in ihre autoritären, korrupten und rechtsverletzenden Regierungen, vgl. UNDP, Journey to Extremism in Africa, 2017, abrufbar unter https://journey-to-extremism.undp.org/content/downloads/UNDP-JourneyToExtremism-report-2017-english.pdf; M. Sommers, The Failing Response to Violent Extremism in Africa – and the Need to Reform the International Approach, Just Security, 19.9.2022, abrufbar unter https://www.justsecurity.org/83077/the-failing-response-to-violent-extremism-in-africa-and-the-need-to-reform-the-international-approach/.

202 Siehe in diesem Sinne für eine differenziertere Erklärung des afrikanischen Abstimmungsverhaltens bezüglich GV-Resolution A/ES-11/1 N. Keijzer, S. Weinlich & S. Grimm, UN General Assembly voting on Ukraine – What does it tell us about African states' relations with external partners?, IDOS (German Institute of Development and Sustainability), 4.3.2022, abrufbar unter https://blogs.idos-research.de/2022/03/04/un-general-assembly-voting-on-ukraine-what-does-it-tell-us- about-african-states-relations-with-external-partners/.

203 Vgl. T. Snyder, We should say it. Russia is fascist, New York Times, 19.5.2022, abrufbar unter https://www.nytimes.com/2022/05/19/opinion/russia-fascism-ukraine-putin.html.

204 Vgl. dazu Slim, o. Anm. 87, S. 24, 30, 47 ff. (auf die entsprechenden Rules of Engagement und »clear signs of a new ethical committment by Western forces …« sowie die große Zahl von Juristen/-innen [10.000] in den US-Streitkräften verweisend, die deshalb als »biggest law firm in the world« bezeichnet würden).

205 Vgl. Rede Putin vom 21.2.2022, o. Anm. 132 (»Since time immemorial, the people living in the south-west of what has historically been Russian land have called themselves Russians and Orthodox Christians. This was the case before the 17th century, when a portion of this territory rejoined the Russian state, and after … modern Ukraine was entirely created by Russia or, to be more precise, by Bolshevik, Communist Russia.«). Siehe kritisch auch Walter, o. Anm. 41, S. 477 (»Existenzrecht als eigenständiger Staat abgesprochen«); Krisch, o. Anm. 25 (»Unabhängigkeit der Ukraine als solche infrage« gestellt).

206 Vgl. K. v. Dohnanyi, Nationale Interessen. Orientierung für deutsche und europäische Politik in Zeiten globaler Umbrüche, 2022, S. 73, 78 und passim (wo er zwar nicht explizit von Äquidistanz spricht, aber diese in der Sache propagiert, weil er u. a. fordert, dass Deutschland und Europa den diplomatischen Weg gegenüber Russland »notfalls auch ohne die USA« gehen sollten und diese letztlich »ohne wirklichen Grund die Konfrontation mit Russland« suche; dabei fehle es an »gemeinsamen Interessen« zwischen Europa und den USA und sie seien »nie wirklich Verbündete« gewesen, denn Europa hatte tatsächlich »nie Recht auf Mitsprache«.)

207 Koenen, o. Anm. 100, S. 19 ff.